만이라도 틔우자고 붙든 것이 수필 쓰기였다. 그런 의미에서 수필은 내게 자유에 닿는 동아줄이었다.

'자유를 위한 변명'은 자기 자신을 찾아서 하와이의 밀림으로, 인도 오쇼 라즈니쉬의 아쉬람으로 방랑했던 현대무용가 홍신자의 자전에세이 제목 이름이다. 내 마음을 대변해주는 더없이 마땅한 표현 같아서 머리말 제목으로 빌렸다.

긴말은 생략하고 싶다. 지금의 나의 행복은 더도 덜도 아닌 수필 쓰기에서 얻어진 것이다. 출판이 어렵고 문학이 어려운 시대에 '수필 100인 선집'이라는 엄청난 프로젝트를 진행하면서 그 자리에 부족한 나를 초청해주신 북랜드 사장님과 편집진에 감사의 마음을 전한다.

2023년 9월
양미경

차례

■ 머리말

제1부

그곳에 가면 나그네가 된다 12
살며 지워가며 15
안개 속에서 18
겨울 허수아비 22
영혼을 꿈꾸는 등대 26
표지판 앞에서 29
봄을 향한 홀씨들 33
모래사장의 삽화 하나 37
빗속을 달리다 41
수려한 예향 통영에 살면서 45
눈 내리는 날 추사를 만나다 57
안동역은 지금 61

수필로 그리는 자화상 8

양미경 수필선집
아나키스트의 비상구

수필로 그리는 자화상 ⑧

양미경 수필선집

아나키스트의 비상구

인쇄 | 2023년 9월 25일
발행 | 2023년 9월 27일

글쓴이 | 양미경
펴낸이 | 장호병
펴낸곳 | 북랜드
　　　　06252 서울 강남구 강남대로 320, 황화빌딩 1108호
　　　　대표전화 (02)732-4574, (053)252-9114
　　　　팩시밀리 (02)734-4574, (053)252-9334
　　　　등록일 | 1999년 11월 11일
　　　　등록번호 | 제13-615호
　　　　홈페이지 | www.bookland.co.kr
　　　　이-메일 | bookland@hanmail.net

책임편집 | 김인옥
기　　획 | 전은경
교　　열 | 배성숙 서정랑

ⓒ 양미경, 2023, Printed in Korea
저자와의 협의하에 인지를 생략합니다.

ISBN 979-11-92613-90-1 03810
ISBN 979-11-92613-91-8 05810 (E-book)

값 12,000원

아나키스트의 비상구

양미경 수필선집

북랜드

| 머리말 |
자유를 위한 변명

　돌아보니 수필을 쓴 지가 30년이다. 그동안 내게 수필은 무엇이었나. 한마디로 수필은 내게 자유를 향한 비상구였다. 요즘은 다르지만 우리 시대의 여성에게 자유란 언감생심이었다. 자라면서 여자는 이래야 한다, 라는 훈육만 존재했고 학교에서조차 여성의 몸가짐과 마음가짐이 특별히 강조되었다. 결혼하면서는 남편과 시부모에게 순종해야 했고 자식들은 모성애를 앞세운 엄마로서 무조건적 사랑과 헌신만이 가능했었다.

　내 나이 마흔 되어갈 즈음 '왜 여자만?'이라는 의식이 불현듯 자랐고 결국엔 자유를 찾겠다고 만천하(그래 봤자 가족이지만)에 나 자신을 공표했다. 그렇다고 해서 페미니스트는 아니다. 대단한 아나키스트는 더더욱 아니다. 굳이 변명하자면 아나키즘 쪽으로 한 발 걸쳤다는 표현 정도가 맞을 것이다.
　권위와 기존 질서에 목 졸리다가, 여성으로서 자유를 위한 숨통

제2부

아름다운 나무 66
피안으로 간 메뚜기 69
비눗방울 세상 73
성북동 비둘기와 어시장 고양이 76
편지 쓰는 밤 80
사랑에 관하여 84
아나키스트의 비상구 86
십 원의 인생학 90
잡초와 산삼 93
이름이 갖는 의미 97
나이 들면 보이는 것들 101
우체통은 다 어디로 갔을까 105

제3부

마지막 편지 110
고양이는 썰매를 끌지 않는다 114
염낭거미 118
한국의 쉰들러 리스트 121
집단 따돌림에 대하여 125
생각을 겨냥한 총 128
6번이 갔다 132
말과 말씀 136
이 또한 지나가리라 140
하루살이 144
몽타주 세상 147
나무꾼과 쇠도끼 150

제4부 경상도 사투리 수필

개팔자 개 거튼 팔자 154
고백 쪼매이 할라꼬예 157
느그가 빈티지를 아나 160
도구통 이바구 163
동동구리무 167
사마구 타령 171
안방 삼총사를 알란가 모르겠네 175
어무이, 행복한 새는 안 난다 카데예 179
옛날 옛적 화장지가 없던 시절 183
내 쫌 만지도 187

■ 작가 연보 191

제1부

그곳에 가면 나그네가 된다

　지난해 늦가을 지천으로 피어 있다는 갈대와, 소련의 아무르 강과 바이칼 호수에서 날아온다는 흑두루미를 보기 위해 순천만에 갔다. 그곳은 상상했던 것 이상으로 광활했으며 언젠가 영화에서 보았던 아마존 강을 연상시켰다.
　대대포구에서 '순천만 2호'를 탔다. 우리를 태운 유람선은 천천히 조심스럽게 상류와 하류를 오고 갔다. 사람의 키보다 웃자란 갈대들. 이곳의 갯벌은 전국에서 가장 큰 규모라고 한다. 약 팔백만 평의 갯벌 위에 무려 50만 평에 달하는 갈대 군락지가 펼쳐져 있었다.
　갈대는 보는 각도에 따라 은빛, 갯빛, 금빛으로 채색되었고 가녀린 바람에도 흐느적거리는 모습은 망망한 바다의 일렁이는 물결처럼 아름다웠다. 이곳은 희귀 조류가 많은 곳으로 관찰과 탐

조를 위한 학습장과 국제적 학술 연구의 장으로 주목받는 곳이다. 갯벌과 갈대숲은 새들에게 온갖 먹이와 아늑한 은신처를 제공한다. 그래서인지 천연기념물인 흑두루미와 검은머리갈매기 등 한국 조류 수백여 종이 동절기를 보내며 서식하고 있다. 철새들의 군무를 카메라에 담는 사진작가도 보였다.

유람선을 두 번이나 탔다. 밀물 때는 갈대를 보기 위해서였고 썰물 때는 갯벌을 보기 위해서다. 갈대 군락지 앞에 서너 번 배를 세워 해오리들의 군무도 보았고, 가족애가 두터운 흑두루미들의 정겨운 모습도 보았다. 날갯짓하며 비상하는 노랑부리백로와 저어새도 보았다.

자욱하게 깔린 갈대밭에 서산으로 넘어가던 햇살이 비쳤다. 그 빛의 반사에 의해 갈대숲은 작은 섬들 같아 보였다. 순식간에 고립감이 들었다. 세상과 완전하게 단절되는 느낌. 그러나 그것은 두려움이 아니라 이방인이 된 듯한 야릇한 고독감 같은 것이었다.

바람에 서걱이는 갈대들의 합창, 나른하게 들려오는 파도 소리, 갑자기 날아오르는 한 무리의 철새들. 아득한 수평선을 배경으로 점점이 떠 있는 섬과 등 뒤로 저녁연기를 피워 올리는 작은 마을들. 시 한 수가 떠올랐다. 박목월의 '나그네'를 읊조리다 보니 나는 어느새 나그네가 되었다.

갈대 군락 사이로 미로처럼 전개되는 수로들, 우리 인생도 이처럼 미로를 헤쳐나가는 일의 연속이 아니던가. 멈출 수도 없고 궁극적으로는 소유할 수 있는 게 아무것도 없다. 빈손으로 와서 삶의 굴곡진 길을 헤매다 결국은 빈손으로 가는 게 인생이다. 그럼에도 우리는 보이지 않는 미래를 설계하고 손에 닿는 것마다 소유하며 닫힌 공간 속에 머물기를 희망한다. 사소한 욕망 때문에 이웃과 시기하고 작은 이기심 때문에 가족과도 다투기를 마다하지 않는 것이다.

갈대밭을 지나며 그런 일상사들이 실은 얼마나 사소한 것인지를 깨달았다. 삶이란 나그네처럼 잠깐 스쳐 지나는 것이라는 깨달음 앞에서 욕심과 이기심이라는 것은 또 얼마나 하찮은 것인가를 생각해 보았다.

배의 진동에 놀랐을까. 흰뺨검둥오리 떼들이 살포시 날아올랐다가 다시 내려앉았다. 놀이 지면서 갈대들이 붉게 물들었다. 멀리 마을 어귀 쪽으로 일을 마친 사람들이 집으로 돌아가고 유람선은 속도를 줄이며 포구로 들어섰다. 그때 나는 새로운 사실 하나를 더 깨달았다. 나의 집, 인간의 집이란 자연 속에 있다는 것을. 그 간단한 진리를 깨우치지 못할 때 물질적인 집과 소유욕에 잡혀 자신을 학대하게 된다는 것을.

살며 지워가며

 신비의 바닷길이 열린다는 남해의 진섬으로 갔다. 일행들과 함께 그 섬에 도착한 시간은 정각 12시. 한 시간쯤 지나면 길이 생길 것이라는 마을 사람들의 들뜬 안내가 무색하리만치 섬과 마을 사이에는 거울처럼 맑고 푸른 바다만 끝없이 펼쳐져 있었다. 갈매기들이 물을 박차고 날면 잔잔한 파문이 이는 광경이 모세의 기적은 생각조차 할 수 없었던 것이다.
 그런데 30분쯤 지났을까. 정말 믿기 어려운 현상이 일어나기 시작했다. 섬과 섬 사이에서 햇살을 받아 반짝이는 수면이 푸른 빛에서 점차 녹색으로 변하는가 싶더니, 섬 이쪽 끝과 마을 쪽 끝에서 서서히 바닥이 드러나며 길이 이어지는 게 아닌가. 우리는 누가 먼저랄 것도 없이 탄성을 터뜨렸다. 그리고 그 길을 따라 천천히 섬을 향해 걸어 들어갔다. 바닥에는 자연산 석화가 즐비했다. 너나없이 쪼그리고 앉아 그것들을 깨 먹으며 깔깔거렸다. 어림잡아 200m쯤. 섬으로 이어지는 길 양쪽으론 푸른 바다가 햇살을 받아 하얗게 부서지고 우리는 그런 바다 한가운데에 발자국을 찍었다.

섬 뒤엔 또 하나의 작은 섬이 연결되어 있었다. 금강산 만물상을 축소해 놓은 듯한 온갖 형상의 바위들. 기암괴석에 한껏 도취했다가 뭍으로 돌아왔다. 잠시 일행과 얘기하다 천천히 돌아보니 이럴 수가! 내 발자국들은 어느새 바닷물에 지워져 버렸다. 무심한 듯 흔들리는 수면 위의 붉은 노을. 순간 날카로운 가시에 찔린 듯 가슴에 통증이 느껴졌다. 조금 전까지 웃으며 즐거워했던 기억과, 발자국을 찍으며 오갔던 나의 흔적이 순식간에 지워진다는 것은 큰 충격이었다. 아, 언젠가는 내 인생도 삶의 무수한 희로애락도, 저같이 지워지겠지.

간직하고 싶은 소중한 것들이 잊힌다는 것은 가슴 아픈 일이다. 그러나 기억이 지워진 사람에겐 슬픔도 함께 지워진다. 누군가를 사랑했었다는 사실조차도 저 먼 망각의 피안으로 사라져 간다는 것을 치매로 기억을 잃어가는 내 어머니를 보면서 알고 있었다. 하지만 그 의미가 이렇게 현실적으로 와닿을 줄이야.

모세의 기적은 몇 시간 만에 끝이 났다. 많은 사람들이 각자의 흔적을 찍으며 거닐었던 바닷길은 감쪽같이 사라졌다. 저 길을 지나왔고, 그 이전에도 지내왔었던 슬프거나 즐거웠던 수많은 인생길도 언젠가는 지상에서 모두 사라져갈 것이다.

　지우지 않아도 지워지는 게 인생이라면, 두려워하기보다 차라리 겸허하게 받아들이는 게 순리 아니겠는가.

　지금부터라도 슬프고 힘들었던 기억은 조금씩 지워가는 지혜를 터득해야겠다. 아름다운 추억은 간직해야지. 내 인생이 지워지는 그날까지 행복한 기억에만 묻혀 살고 싶다. 인생은 짧은 것이므로.

안개 속에서

아침 일찍 진주를 향하며 산자락을 물들이기 시작한 가을의 정취를 생각하고 있었다. 시간이야 조금 더 걸리겠지만 고속도로 대신 국도로 길을 잡았다. 모처럼 나들잇길에 가을을 잔뜩 머금고 싶기 때문이다. 그런데 산자락을 오르는 국도에서 고도가 높아질수록 안개가 짙게 깔려 한 치 앞도 분간하기 어려울 정도였다.

가끔 지나치는 차들은 모두 전조등을 켜고 서행하고 있었다. 나 역시 전조등을 켜고 천천히 운전하지만 마음은 초조했다. 안개는 좀처럼 걷힐 기세가 아니다. 괜한 짓을 했다는 자책이 일었지만 돌아갈 수는 없었다. 차츰 시간이 흐르고 마음은 편안해지기 시작했다.

비상등을 켜고 차를 한쪽으로 세웠다. 이따금 불빛이 흔들리며 스쳐 가는 것 말고는 부연 안개 속에서 나는 무인도처럼 혼자였다. 안개 저 너머로는 아무것도 식별되지 않았다. 내 존재 역시 아무도 알아보지 못할 것이다. 이 완전한 고독감. 문득 헤르만 헤세의 시 「안개 속으로」가 떠올랐다.

> 안개 속을 거니는 것은 참으로 이상하다!
> 나무와 돌은 저마다 외롭고,
> 이 나무는 저 나무를 보지 못하니,
> 모두가 제각기 혼자 있다.
>
> 나의 삶이 밝았던 때에는,
> 세상이 온통 친구들로 가득했건만,
> 이제 여기 안개가 내리니,
> 한 사람도 보이지 않는다.
>
> 피할 수도 없고 소리 없이
> 모든 것으로부터 우리를 갈라놓는
> 그 어둠을 알지 못하는 자는
> 현명하다고 할 수 없으리라.
>
> 안개 속을 거닐면 참으로 이상하다.
> 산다는 것은 외로운 것
> 누구도 다른 사람을 알지 못하고
> 우리는 모두 혼자일 뿐이다.
>
> — 헤르만 헤세 「안개 속으로」

내가 안다고 생각했던 가족과 친구와 이웃을 나는 얼마나 알고 있을까? 그들 또한 나를 얼마나 알고 있을까? 그들의 고통과 슬픔에 대해 얼마만큼 알고 있으며, 그들 역시 나의 아픔과 갈등을 얼마만큼 알고 있을까? 인간의 내면적인 것은 친구나 설사 가족이라 할지라도 다 이해할 수는 없을 것이다. 해서 사람은 태어나는 순간부터 죽을 때까지 혼자라고 하는가 보다.

　헤세의 「안개 속으로」는 모든 사물과 개인을 갈라놓는 안개 속에서 혼자만의 고독을 느끼지 못하는 사람을 '현명'하지 못하다고 말한다. 예전에는 그 의미가 많은 사람들과의 단절을 의미하는 것이라고 생각했다. 그러나 잘못된 생각이었음을 자욱한 안개 속에서 깨달을 수 있었다.

　'고독'이란 자신의 존재 이유를 확인하기 위한 중요한 매개이지만, 고독을 생활화할 수 없는 것이 인간이다. 헤세가 안개를 통해 현명함을 얘기한 것은 사람들과의 관계를 잘 유지하면서도 항상 스스로를 돌아보며 자신의 존재 이유를 성찰하며 살아가라는 뜻이 아니겠는가. 때로는 '혼자' 때로는 '함께' 사이에서 균형을 잡았을 때 비로소 현명한 사람이 되는 것이리라.

　안개가 걷히고 있다. 안개 사이로 햇살이 환하게 비쳐들 때, 사람은 누구나 혼자지만 그렇기에 누군가를 사랑하고 함께하는 것이 아닐까, 라는 생각이 스쳤다. 인생의 의미는 혼자 깨닫는 것이지만 또 함께 생활하고 슬픔과 기쁨을 나누는 이웃과 가족도 있어야 한다는 것을.

 태초부터 인간이 다른 사람과 격리되어 홀로 살아왔다면 고독이라는 것도 존재하지 않았을지 모른다. 함께 있으므로 외롭지만, 또한 함께여서 외롭지 않은 것이 인간이다. '함께' 있어야 '혼자'를 생각하게 되고 '혼자'를 느끼면서 '함께'를 갈망하게 되는 것이다.

 숲이 보이기 시작하고 나무들이 뚜렷하게 보이기 시작했다. 나는 다시 시동을 걸었다. 때로는 홀로 보이지 않는 길도 가야 하는 것이 인생일 터. 인생을 슬기롭게 살아가자면 안개에 막힌 길도 지나보고, 환하게 트인 길도 지나보아야 할 것이다. 가족과 친구의 얼굴이 떠올랐다. 그들이 있기에 나는 한 치 앞도 보이지 않는 안개 속에서도 버텨낼 수 있었다.

 환하게 밝아오는 길을 따라 나는 누군가가 기다리는 곳을 향하여 속도를 내기 시작했다.

겨울 허수아비

어느새 농촌엔 가을걷이가 끝났다. 지난여름은 유난히 더웠고 들판에 푸른 물결로 일렁이던 벼들은 싱그러웠다. 가을로 접어들며 벼는 어린 왕자의 머리칼처럼 노란빛으로 변하나 싶더니 지금은 벼 밑동만 남긴 채 찬바람이 흩어진 볏짚을 쓸어간다. 빈 들판 사이를 가로지르며 국도를 달리는 차들은 지나간 계절을 추억하지 않는 듯 빠르게 달린다.

초겨울 산행길에 나섰다. 텅 비어 있는 들녘이 좀 허전하게 느껴졌다. 잠시 차가 멈춰 섰을 때 눈에 들어온 허수아비 하나. 눈이 크게 떠졌다. 겨울 들판에 허수아비라니!

허수아비는 비스듬히 기울어져 있었다. 허수아비 옷이야 원래부터 남루하지만, 찢어져 바람에 나풀거리는 모습은 보기에도 민망했다. 얼굴은 반쯤 돌아가 있고 매직으로 그린 듯한 커다란 눈망울만 회색빛 하늘을 멍하니 바라본다. 무얼 응시하는 것일까. 가을 내내 찾아와 떠들어대던 참새가 그리운 걸까. 아니면 들판을 황금빛으로 구워내던 찬란한 태양이 그리운 걸까.

이제는 태양도 식어가고 참새도 떠났다. 버릇없이 팔과 수염으로 튀어 오르던 메뚜기도 자취를 감췄다. 머리 꼭대기에서 맴돌며 장난치던 잠자리도 어디론가 사라져 버렸다. 삭풍 속에 내팽개쳐진 허수아비는 찬란하던 여름과, 풍성하게 익어가던 황금빛 물결들을 회상하며 생의 마지막을 우울하게 반추하고 있는지도 모른다.

산행에서 돌아온 며칠 후였다. TV에서 치매 걸린 아내를 숨지게 한 뒤 스스로 목숨을 끊은 아흔두 살 할아버지의 사연을 접했다. 함께한 세월이 무려 78년. 열심히 살아왔지만 이제 사회에서 쓸모가 적어지고 버림받게 된 노부부는 그렇게 쓸쓸하게 생을 마감했다. 순간 벌판에 홀로 서 있던 허수아비가 떠올랐다. 그렇게 마감되는 것이 인생이라면, 인간의 삶이 짚으로 만든 허수아비와 무엇이 다르겠는가.

경찰청 보고에 따르면, 예순 이상 된 노인 가운데 스스로 목숨을 끊은 이가 작년에 3천6백여 명이나 되었다 한다. 전체 자살자 중에 노인이 삼분지 일을 차지한다는 통계였다. 자립능력도 없고 질환까지 앓는 노인들은 삶에 찌들 대로 찌들어 자살의 유혹을 넘어서기 힘들 것이다.

효를 최고의 덕목으로 삼았던 우리의 윤리관은 사라진 지 오래다. 병든 부모를 버리고 학대하는 일은 비일비재하다. 악화된 경제난도 한몫했다지만 그것은 이유가 될 수 없다.

신라 흥덕왕興德王 때 일이다. 손순孫順 부부는 흉년에 어머님께서 드시는 음식을 이 어린 자식이 먹으려 들자 자식을 땅에 묻으려고 하였다. 땅을 파자 석종石鐘이 나와 종을 울렸다. 종소리는 임금님 귀에까지 들려 사연을 조사한 왕은 중국의 곽거와 같은 효자가 나타났다고 기뻐하며 멥쌀 50석을 하사한 기록이 있다. 또 충남 보령의 효자도孝子島에는, 100여 년 전 최순혁이라는 사람이 부친이 병으로 사경을 헤매고 있을 때 '사람 살을 먹어야 산다'는 길손의 말을 듣고 자신의 허벅지 살을 도려내어 아버지를 봉양했다고 해서 〈효자도〉로 불리게 됐다고 한다.

세상은 많이 달라졌다. 예전과 같은 효 정신을 강요할 수도, 강요한다고 될 일도 아니다. 그래서 이 시대의 노인을 '샌드위치 세대'라든가. 부모님께 효를 실천한 마지막 세대이고, 자식들에게 효를 받지 못하는 첫 세대라고 한다.
지금의 노인들은 일제강점기 때 태어나 고난과 가난을 딛고 일어서 오늘이 있게 한 역군들이다. 그들은 나이 들면 자식들에게 의지하겠다는 기대 하나로 자식을 위해 모든 걸 희생해 왔다. 하나 핵가족과 개인주의로 인해 대접을 제대로 받지 못한 채 겨울 허수아비처럼 쓸쓸히 노후를 보내고 있다. 노인은 우리에게 무엇이며 어떤 모습으로 살고 있는가? 젊은이들은 먼 훗날 노인이 되지 않을 것인가?

사회를 지탱해 온 중추세력이 뒷전으로 물러앉을 때, 그 앉을 자리가 찬바람이 부는 겨울 들판이라면, 그래서 사회로부터 잊히고 기억으로부터 멀어지는 곳이라면 인간이 짚단으로 만든 허수아비와 무엇이 다른가.

들녘을 지날 때 유심히 바라본다. 그곳에 버려지고 잊힌 채 서 있는 허수아비는 없는지. 그리고 생각해 본다. 우리도 겨울 들판의 허수아비가 되지나 않을는지.

영혼을 꿈꾸는 등대

등대.

나는 등대라는 말만 들어도 마음이 환해진다. 가슴 깊은 곳에 작은 빛 하나가 밝혀지는 것 같은 느낌 때문이다. 그런 나에게 요즈음 커다란 기쁨 하나가 생겼다. 내가 사는 통영 도남방파제에 연필 모양의 '문학기념 등대'가 건립됐다. 통영이 배출한 기라성 같은 예술인들을 기리며, 그들의 업적을 하나로 모은다는 개념으로 설계되었다 한다. 공사를 시작한 지 일여 년 만에 모습을 드러낸 높이 20m의 조형등대. 바다와 인간을 이어주는 친근한 문화공간으로 태어난 것이다.

등대의 맨 윗부분에 펜촉 모양의 등롱燈籠이 있다. 파도와 물새와 뱃고동 소리를 모아 하늘에다 인간의 염원을 적고 있는 듯한 형상이다. 등대 주변 친수공간에는 시인 유치환柳致環의 「깃발」

과 김상옥金相沃의 「봉선화」 그리고 김춘수金春洙의 「꽃」이 기념비 형태로 세워져 있다. 뿐만 아니라 대양으로 뻗어가는 진취적 기상을 돌에 새긴 '바다헌장'과 아름다운 '통영 8경' 사진까지 곁들여 이곳이 예술과 관광의 도시임을 새삼 느끼게 해준다.

생각만 해도 가슴이 벅차오르는 장르를 넘나든 대가들. 누가 뭐래도 별빛처럼 빛나는 이들의 예술혼이야말로 통영 바다와 풍광이 키워낸 특출한 재능이 아니겠는가.

내게 있어 문학은 삶의 막막함을 비추는 한 줄기 등불이었다. 힘들고 지쳐있을 때 내 인생의 등대가 되어 주었던 문학. 그것은 종교적 신념과도 다를 바 없었다. 적어도 나에게서의 문학이란 내 생을 찾아가는 등대요 종교였다.

나는 이곳에서 태어나 손녀까지 두도록 이곳에서만 살아왔다. 그럼에도 하루만 바다를 보지 않으면 가슴이 답답하다. 주위가 어두워지고 아파트에 불이 하나둘씩 밝혀지면 내 가슴에도 불 하나 밝히기 위해 바닷가로 나간다. 밤바다에 드나드는 배와, 그 배들이 의지하는 등대의 불빛을 보고 있노라면 인생 역정을 닮았다는 생각마저 든다. 바다는 어제의 바다와 오늘의 바다가 똑같지 않다. 반사되는 거울처럼 달빛 고요한 날이 있는가 하면, 별빛도 잠겨버린 어둡고 삭막한 날도 있고, 때로는 거친 파도가 날뛰는 모습을 보이기도 한다. 우리네 인생도 언제나 화평한 삶만 펼쳐지지는 않는다. 때로는 분노의 광풍에 휩싸여 슬프고 우울한 날을 맞기도 한다. 등대는 바다가 어떤 상황일지라도 한결같이 항해자들을 인도한다.

뱃사람들은 밤하늘의 별을 보며 목적지를 찾아간다. 그러나 별도 없는 밤에는 오로지 등대만이 그들을 인도한다. 나를 인도하는 것은 무엇인가. 내 마음을 이끌어주는 등대는 바로 문학이었노라고 감히 말할 수 있다. 어둡고 거친 세상에 등대가 되어 한 시대를 비추다가 사려져간 위대한 작가들이 밝혀놓은 불빛을 따라가고 있다는 것은 더할 나위 없는 행복함이다.

글을 쓴다는 건 그 자체가 희망이다. 어둠 속에서 방황할 때 스스로에게 질문하고 나름대로의 삶에 평화를 깃들게 할 수 있었던 것도 바로 문학이라는 등대 때문이다. 아직은 어설프다. 하지만 내가 쓰고 있는 글들이 언젠가는 나와 비슷한 길을 걷는 이들의 영혼에 희미한 등대가 되기를 바라는 마음 간절하다.

나는 틈나는 대로 바다에 갈 것이다. 그리고 배회할 것이다. 방황이 아닌 내 삶의 확인이다. 바다 위의 별이 된 위대한 작가들의 문학적 향기와 광채를 떠올려 줄 것이다. 밤바다를 비춰주는 등대처럼. 오늘 밤바다는 유난히도 평화롭다.

표지판 앞에서

89년도부터였으니 운전을 한 지 꽤 오래된 편이다. 그런데도 나는 아직 운전이 능숙지 않다. 젊은 사람들은 스피드를 즐기기도 한다는데, 나는 일 때문에 마지못해 하는 운전이라 그런지 서툴기까지 하다.

내 사는 곳은 작은 바닷가 도시다. 어디를 가려 해도 해안선을 따라 달리게 되는데, 계절 따라, 날씨 따라, 시간 따라 무쌍하게 변화하는 바다 풍경을 만끽할 수 있다.

늘 다니는 길임에도 어느 날 길가의 표지판이 새삼스럽게 느껴진 적이 있다. 길이 휘어지는 곳에는 급커브를 알리는 표지판이 있기 마련이다. 휘어지는 각도의 완급에 따라 화살표는 하나, 둘, 혹은 세 개로 구분되는데, 어느 순간 나는 그 화살표의 숫자에 따라 브레이크 밟는 발의 힘을 조절하고 있다는 사실을 알게 되었다. 내 오감은 길의 모양이나 전체적인 배경을 확인하기보다는 주로 표지판의 지시에 따라 반응하고 있었다.

전경이 좋은 곳에 차를 세우고 잠시 밖으로 나와 찬 공기를 마셨다. 지금까지 내 의지대로 살고 있다는 생각을 했지만 실은 그게 아니었다. 똑같은 사회에서 똑같은 생각과 행동을 지시받으며 살아가고 있다고나 할까. 어떤 행동은 해선 안 되고, 어떤 생각은 생각조차 하지 말아야 한다는 사회적으로 약속된 신호가 끊임없이 의식으로 전달되면서 개개인을 통제하고 있는 것은 아닐까.

자동차는 끝없이 이어지는 도로 곳곳의 표지판과 신호등의 통제에 따라 일사불란하게 움직인다. 신호에 따르지 않으면 벌칙도 주어진다. 우리 인생 역시 다를 바 없다. 인생은 개별적인 것이지만 개인의 자유의사에 따라 행동할 수 있는 것은 적잖이 제한되어 있다. 사회의 보이지 않는 규율에 따라 움직여야 하고 규칙에 위배되면 범법자로 지목되어 사회생활에 치명타를 입게 된다. 개개인의 자유가 보장되는 개성 시대라지만 도시 한복판에서 비키니를 입고 활보한다는 건 생각조차 할 수 없지 않은가.

인간은 유일하게 꿈을 꾸는 동물이다. 어릴 때는 동화의 세계를 꿈꾸고 성년기에 들어서면 사랑을 꿈꾼다. 동화든 사랑이든 여기에서 빚어진 감성은 별빛처럼 빛난다. 그럴 때 사람의 마음은 바다나 하늘을 닮아있다. 바다와 하늘을 배경으로 무엇이든 그려낼 수 있는 청춘의 공간은 정말로 아름답다. 때로는 반항도 하고 때로는 좌절도 하면서 젊은 시절의 공간은 채워진다. 그러나 인생의 중반을 들어서면 가슴엔 바다도 하늘도 사라지고 없다. 차가운 도시에서 규칙에 따라 움직이며 적응하기 위해 몸부림칠 뿐이다. 동화 같은 꿈은 오래전 사라지고 '인생은 그저 그렇게 살다 가는 거지 뭐.' 하는 자조만이 남는다.

말기 환자들을 도와주는 호스피스들이 공통적으로 하는 말이 있다. 지나온 삶이 풍족했든 않았든 임종을 앞둔 사람들은 대부분 후회한다고 했다. 가장 큰 이유가 '너무 앞만 바라보고 살았다.'는 것. 젊은 시절 그 많던 꿈을 접고, 오로지 사회의 규칙을 따라 살아오다가 어느 날 문득 뒤돌아보았을 땐 어린 시절의 꿈과는 너무나 멀리 떠나와 있는 자신을 발견하게 된다. 이젠 돌아갈 수도 없다. 다시 한번 기회가 주어진다면 그렇게 살지 않을 거라고 하지만 이미 때는 늦었다.

멀리 수평선이 눈에 들어온다. 어릴 적엔 저 수평선을 헤엄쳐 넘나드는 꿈을 꾸곤 했었다. 그러나 지금은 행동과 감정마저 박제되어 버렸다. 인생이란 무엇 때문에 존재하는가. 밤하늘의 별은 왜 저리도 찬란한가 하는 생각들은 내 가슴에서 오래전에 사라져 버렸다. 단지 오늘 할 일과 내일 할 일은 무엇이며, 무엇이 내게 이익을 주고 어떤 일이 내게 손해를 주는지 저울질할 뿐. 그 옛날 풍성했던 꿈과 상상은 신기루처럼 이미 사라지고 없다.

수평선을 떠다니는 배들이 평화롭다. 나는 다시 차에 올랐다. 저만큼 정지 신호를 받고 서 있는 차들이 보인다. 나도 그 뒤에 차를 대고 섰다.

그날 나는 내 의식 속에 뿌리박고 있는 표지판과 신호등을 제거해야겠다는 생각을 했다. 더 자유로운 사고로 내 인생을 만끽하고 싶어서였다. 표지판만 보는 게 아니라 좌우도 살피고 밤하늘의 빛나는 별도 여유롭게 바라보는 인생 말이다. 비눗방울처럼 멀리멀리 떠나보낸 꿈들을 다시 불러 모아야겠다. 나이가 들수록 꿈은 소중한 것. 인생에는 유턴이 없다 했으니 남아 있는 길이라도 넓고 풍성하게 채워가야 하지 않겠는가.

봄을 향한 홀씨들

다시 봄이다.

바람은 훈훈하고 태양은 따사롭다. 땅 위에 반 뼘쯤 솟아오르는 푸른 생명들을 보고 있으니 문득 지난가을 풍경 하나가 그려진다.

지난해 11월, 바다가 내려다보이는 찻집에 앉아 있었다. 한순간, 시야가 부옇게 흐려지더니 싸락눈이 바람에 흩날렸다. 11월의 화창한 날씨에 눈이라니! 자세히 보았더니 싸락눈은 땅으로 내려앉는 게 아니라 낮은 산언덕 쪽으로 날아가고 있었다. 그랬다. 그것은 홀씨였던 것이다.

솜털들은 무리 지어 뒤쪽 언덕배기로 향했다. 자칫 바다나 보도블록 위에 떨어진다면 그들의 생명은 끝이다. 하여, 사력을 다해 척박한 땅일지라도 흙을 향해 날아가는 모습엔 경의가 느껴졌다. 잡초에 불과한 홀씨일지도 모른다. 그러나 그것은 우리 인간들의 관점일 뿐 각각의 개체들은 생존을 위해 전력투구하는 생명체이다.

나 역시 산이나 들에서 만나는 초록 들판이나 산자락을 뒤덮은 녹색의 생명에 감탄하곤 한다. 하지만 그것은 전체를 볼 때일 뿐 하나하나의 개체를 살펴보는 경우는 사실 드물다. 내게는 그냥 초록의 풀밭이거나 하나로 이루어진 싱그러운 풍경에 지나지 않았다.

그러나 가끔 신선한 충격을 받을 때도 있다. 이해할 수 없는 상황, 예사롭지 않은 풍경에서 삶의 짜릿한 자극을 받는다. 창틈 모서리의 작은 먼지 틈바구니에 뿌리를 내리고 노랗게 피는 작은 꽃. 아파트 베란다의 관상수 아래 용케 날아들어와 움트는 이름 모를 풀. 찻집 마당의 오래된 돌절구의 작은 홈에도 뿌리를 내리는 잡초를 보면서 생명과 생존의 그 집요함에 경의를 느낀다.

사람도 그렇지 않은가. 좋은 환경에서 태어나 아름다운 화초처럼 성장하고 세상에 첫발을 내디딜 때도 별 어려움 없이 시작한다. 그러나 척박한 환경에서 고난과 역경으로 시작해야 하는 새싹들. 그들이 그런 환경을 극복하고 자신만의 아름다운 꽃을 피우는 모습은 감동적이다. 거기엔 생명의 존엄성을 일깨우는 격정의 드라마가 있기 때문이다.

최근 자신에게 주어진 능력의 한계를 극복하고 인간 승리의 꽃을 피운 동계 올림픽 우리 선수단을 보며 즐거움을 만끽했다. 그들 나름대로는 가정적으로 불우한 선수도 있고, 풍요로운 환경에서 자란 선수도 있다. 가정환경의 풍요와 빈곤을 넘어 자신의 재능을 극대화하는 데 전력투구하여 좋은 결과를 얻기까지는 남보다 몇십 배 이상의 노력을 기울였을 것이다. 이 얼마나 아름다운 일인가.

그러나 국민적 열광 속에 스포트라이트를 받았던 동계 올림픽 이후에 바로 시작된 동계 패럴림픽은 국민들에게 관심 밖이었다. 신문이나 방송도 냉담했다. 동계 올림픽에 비하면 무관심에 가까울 정도다. 태어날 때부터, 혹은 그 이후에 어떤 이유로 장애인이 되었지만 불굴의 투지로 세계무대에 선 용감한 젊은이들이다. 홀씨 하나가 원하지 않았지만 차가운 시멘트 바닥에 떨어졌다가, 시멘트 사이의 한 줌 흙먼지에 뿌리를 내리고 마침내 꽃을 피우는 장엄한 드라마를 펼쳐 보이는 것이다.

거친 바다 절벽 끝의 한 줌 틈바구니에 뿌리를 내리고 고고한 자태를 뽐내는 해송을 보라. 해송이 뿌리를 내리고 그렇게 우아한 자태를 간직하기까지의 과정을 상상해보면 눈물겹지 않은가. 동계 올림픽에서 우리 선수들이 금메달을 땄을 때, 한국의 남녀 등반가들이 히말라야 등반과 극지 등반의 기록을 세울 때 칼날처럼 전해오던 그런 전율이다.

그들이 거기에 도달하기까지의 역경의 과정을 우리는 잘 알고 있다. 삶의 감동은 바로 그런 것에서 오는 것.

　오늘도 이 땅의 어딘가에는 창틈의 한 줌 먼지 덩어리 같은 삶에 팽개쳐진 어린 새싹들이 자라고 있다. 홀씨가 봄을 기다리듯이 그들의 인생도 아름다운 결실을 맺게 되기를 염원해 본다.

모래사장의 삽화 하나

서해안 길을 나섰다. 부안 쪽 해안을 끼고 고창의 동호해수욕장에 다다랐다. 명사십리라는 말 그대로 쪽빛 물든 바다와 은빛 모래톱이 끝없이 펼쳐져있다.

파란 하늘 아래 하얀 파도와 만나는 백사장을 보니 소녀 시절에 선생님 몰래 보았던 외국영화의 한 장면이 떠올랐다.

백사장 위를 달리는 빨간 랜드로버 안엔 한 쌍의 연인이 사랑을 속삭인다. 농밀한 키스 장면에 금세 내 얼굴은 달아올랐고, 누구에게 들킨 것처럼 가슴은 뛴다. 언젠가는 나도 저렇게 아름답고 환상적인 장면을 연출해보고 싶었다. 아마도 그 영화를 보았던 이들이라면 누구나 꿈꾸지 않았을까.

나는 차 안에 앉아 영화의 장면들을 떠올리며 망상에 젖어들었다. 백사장 위에는 낭만의 흔적인 듯 어지럽게 교차된 바퀴 자국이 선명하게 파여 있다. 그 자국을 바라보는 내 표정을 눈치챘던지 운전자는 갑자기 가속페달을 밟았고 차는 순식간에 백사장으로 돌진했다. 부드러운 양탄자 위를 걸어가는 듯 뭉게구름 위를 떠가는 듯 몽롱한 기분이었다.

황홀함은 잠시, 모래를 힘차게 밀어내며 돌진하던 차는 어느 순간 모래톱에 빠져 헛바퀴를 돌더니 꼼짝도 하지 않았다. 빠져나오려고 하면 할수록 더 깊게 빠져들었다. 한 시간 내내 모래를 파내는 등 안간힘을 쓰다가 결국 긴급출동서비스센터에 전화를 하고야 말았다. 견인차 기사가 와서 차를 안전지대까지 옮겨 주며 하는 말, "하루에 두서너 번은 출동하지요."

나는 무안해지고 말았다. 젊은 사람들의 무모함이야 젊다는 이유로 받아들여지지만 우리 나이쯤 되는 사람이 앞뒤 분간 못하고 뭔 짓을 한 건가 하는 생각이 들었다.

그러다 생각을 달리해 보았다. 젊다는 것과 나이가 들었다는 것의 차이는 단순히 물리적 수치의 차이일 뿐이지 생각이나 감정의 차이는 아니다. 나이가 들어간다는 것은 경험과 사회적 지식이 쌓여간다는 뜻이고 현실적 판단력이 더욱 뚜렷해진다는 뜻이다. 따라서 삶의 현실적 조건들에 반응하며 가족과 자신이 원만하게 세상을 살아가며 경쟁하기 위해서 감정을 조절할 줄 알게 된다는 것이리라.

경험과 지식이 쌓이고 현실적 판단이 뚜렷해진다고 해서 사랑과 낭만 같은 인간의 감정이 사라지는 것은 아닐 게다. 다만 가슴 저 깊은 곳에 꼭꼭 감추어 두었을 뿐. 그러다 삶의 어떤 시점에서 감추고 있던 감정들이 순간적으로 불쑥불쑥 튀어나온다. 마치 땅속 깊은 곳에서 은밀하게 흐르던 용암이 지반을 뚫고 화산으로 솟구쳐 오르듯이, 인간의 내밀한 감정들도 나이와 관계없이 어느 순간 걷잡을 수 없이 터져 나오는 것 말이다.

우리 민족은 겸손함과 더불어 감정을 절제하는 것을 미덕으로 여겨왔다. 사람의 나이 마흔을 넘으면 자신의 얼굴에 책임을 지라고 한다. 나이에 맞게 언행과 행동을 해야 한다는 것이 우리가 받은 교양교육의 수준이다.

그래서 나이에 맞게 행동하기 위해 끊임없이 감정을 절제하고 조심하게 된다. 하지만 이것은 나이 든 사람들에게 우울증과 소외감을 안겨주기 십상이다. 자신의 감정과 느낌을 있는 그대로 표현하지 못한다면 사회와 인생에서 변방으로 밀려나는 느낌이 들 수밖에 없고 따라서 우울증도 생긴다.

세상은 많이 달라졌다. 지금의 젊은이들은 예전보다도 훨씬 자신감 있게 자신을 표현한다. 다소의 무모함이나 만용이 있다 하더라도 타인에게 피해를 줄 정도가 아니면 자신의 감정을 솔직히 드러내는 것도 좋다고 생각한다. 나이 든 사람도 다를 바 없지 않을까?

동호해수욕장의 넓고 푸른 바다와 금빛 백사장을 바라보는 마음이 결코 나이와는 상관없다. 이제는 장년 노년 모두가 젊은이들 못지않게 자신을 마음껏 표현하며 살라고 권하고 싶다. 진정 인생이 아름답다고 말할 수 있어야 한다. 자신의 감정을 마음껏 표출할 때 아름다운 인생을 느끼는 것 아니겠는가.

빗속을 달리다

며칠 전부터 친구를 만날 생각에 콧노래를 흥얼거리며 지냈다. 일에 쫓겨 바쁘게 지내다 보면 가까운 친구들과 만나는 날이 소풍날이나 다름없다. 그럴 때면 하루하루 약속 날짜를 손꼽으면서 기다리게 된다.

하필 약속 날 아침부터 비가 내리기 시작한다. 전날까지 멀쩡하던 하늘에 구름이 몰리더니 기어코 비를 뿌렸다. 원래 기약 없이 쏟아지는 것이 봄비라지만 하늘이 좀 야속하다.

약속 장소까지는 거리가 먼 데다가 빗속 운전이 미숙한 터라 걱정은 되었다. 그렇지만 어렵사리 잡은 약속을 물릴 수는 없는 일. 은근히 가지 않기를 바라는 남편의 염려스러운 눈길을 뒤로 하고 차에 시동을 걸었다.

라디오에서 흘러나오는 노래를 따라 부르며 고성 IC로 접어들었다. 십 분쯤 지났을까. 비는 더 거세게 쏟아져 내리고 엎친 데 덮친 격으로 안개까지 짙게 끼어 한 치 앞도 보이지 않았다. 빗살이 점점 거세지더니 차들이 하나둘씩 비상등을 켜며 서행하기 시작했다. 얼마 지나지 않아 시계 제로가 되고 말았다. 보이는 것은 마주 오는 차의 헤드라이트와 희미하게 보이는 중앙분리대뿐, 차선은 아예 실종된 상태다.

갑자기 불안이 엄습해 왔다. 두 해 전 겨울, 눈 내리던 날의 곤혹스러웠던 일이 생각나서다. 지금의 상황이 그날보다 나을 게 없다. 가끔 거칠게 빗줄기 사이를 뚫고 가는 차량이 노면에 고여 있던 빗물을 차에 덮어씌우기도 하니 불안감은 두 배다. 라디오에서 나오는 음악도 이미 귀에는 범벅이다.

반가운 사람을 만난다는 기쁨은 어느새 사라지고 어떻게 여기를 빠져나가야 할지 그게 더 걱정이다. 갓길에 비상등을 깜빡거리며 멈춘 차량이 보였다. 나도 정지된 차량 뒤에 차를 세웠다.

범람한 물이 넘쳐 길은 이미 개울이나 다름없다. 시간은 흘러가고 초조해졌다. 지인에게 조금 늦겠다고 문자로 통보하고 비가 그치기를 기다리는데, 10분 20분이 지나도 빗줄기는 약해질 줄을 모른다.

이제 약속에 늦고 안 늦고는 뒷전이고 이러다간 뉴스에서처럼 물길에 떠밀려 가는 것이나 아닌가 하는 불안감이 엄습해 왔다. 지난해 장마 통에 버스 한 대가 물길에 떠밀려 간 사고가 일어난

곳도 바로 이 근처다.

얼마의 시간이 흘렀을까. 나는 반 넋이 나간 상태가 되어 차창 밖을 주시했다. 그런데 언제부터인지는 모르지만 내가 허밍으로 노래를 부르고 있었다. 아주 혼이 나갔나 봐, 이 와중에 콧노래라니!

노래는 라디오에서 흘러나오는 추억의 영화음악이었다. 1952년 미국 영화 〈사랑은 비를 타고 Singin' in the Rain, 빗속에서 노래한다〉이다. 어쩌면 이 상황에 이 음악이 나왔을까. 불안감은 여전해도 상황은 절묘했다. 나는 가사도 희미해진 그 노래를 콧소리로 따라 부르며 영화 속으로 빠져들었다.

비가 억수같이 쏟아지는 거리에서 양복을 입고 노란 우산을 쓴 채 탭댄스를 추며 사랑을 노래하던 진 켈리의 모습은 당시 여자들의 선망의 대상이었다.

> 비를 맞으며 노래하네(I'm singing in the rain)/ 그냥 비를 맞으며 노래하네(Just singing in the rain)/ 이 즐거운 느낌 난 정말 행복해(What a glorious feeling I'm happy again)

사랑은 모든 사람에게 여유를 갖게 한다. 사랑하는 마음만 있으면 세상은 두려울 게 없다. 사랑하는 마음만 있으면 암흑에서도 행복할 수 있다. 이까짓 비쯤이야! 그쯤 생각하니 안달복달하던 방금 전의 내 모습이 가소로웠다.

저 어두운 밤하늘의 구름을 보면서도 미소 짓고(I'm laughing at clouds So dark up above)/ 마음속에는 태양이 가득 사랑에 빠질 것 같아(Cause the sun's in my heart And I'm ready for love)/ 폭풍을 몰고 오는 구름이 사람들을 쫓고(Let the tormy clouds chase Everyone from the place)/ 비를 맞아도 웃음이 나네(Come on with the rain I've a smile on my face)

기분이 좋아지니 하늘도 동화되는지 비가 줄어들면서 조금씩 시야가 트이기 시작했다. 나는 천천히 차를 움직였다. 인생의 길도 이 같지 않은가. 쉬운 길도 있고 힘든 길도 있다. 극복하고 말고는 마음가짐에 있는 것이다. 조바심을 내면 어려움은 더 커지고 긍정적인 생각을 가지면 의외로 일이 쉽게 풀린다.

차가 제 속도를 내며 달리기 시작했다. 나는 운전을 하면서 계속 흥얼거렸다.

한 시간 늦게 약속 장소에 도착했다. 60분 동안의 지옥에서, 나는 행복한 천국을 만날 수 있었다. 지옥과 천국은 내 가슴에 있었던 것. 어느 쪽을 선택할지는 오로지 마음먹기에 달렸다. 새삼 인생이란 이런 것이라는 생각이 들었다.

수려한 예향 통영에 살면서

1.

 통영은 내 고향이다. 이곳에서 60년 넘도록 살아왔고 내 삶의 끝이 될 곳도 분명하다. 구절양장九折羊腸 같은 인생길이란 말이 있듯, 결혼하여 자식들 키우며 살아오는 동안 강물 같은 세월이 어찌 행복하기만 했겠는가. 그래도 이곳이 싫었던 적은 한 번도 없었다. 다시 태어날 수 있고 태어날 곳을 선택할 수만 있다면 나는 통영에서 다시 태어나고 싶다.
 동양의 나폴리라 불릴 만큼 아름다운 섬과 해안을 소유한 통영은 외관만 수려한 게 아니다. 어느 도시와도 비길 수 없을 만큼 많은 예인藝人들을 배출한, 외면과 내면이 모두 아름다운 곳이다.
 유치환, 김춘수, 김상옥, 박경리를 비롯한 문인들과 세계적 음악가 윤이상, 전혁림 화백 등 통영이 배출한 예인들이다. 이들이 예술적 천재성을 키울 수 있었던 것은 통영이라는 아름다운 풍광에서 치열한 예술혼을 불태웠기 때문이 아니겠는가.

2.

인구 14만의 소도시, 지금의 통영시라는 지명이 확립되기까지는 많은 변동이 있었다. 1593년(선조 26) 초대 삼도수군통제사三道水軍統制使로 제수된 이순신 장군은 최초의 본진本陣을 한산도에 설치했다. 6대 통제사 이경준李慶濬이 1604년에 현재의 통영시 문화동 일원으로 통제영을 옮겨와 문 닫을 때까지 경상·충청·전라도 삼도수군을 지휘하는 본영이 이곳에 있었다.

통제영을 현재의 통영시로 옮기면서 통영이란 이름이 자리 잡게 되는데, 그전의 명칭은 '두룡포'였다. 1955년에 통영읍 대부분이 충무시로, 그 외의 지역은 통영군으로 승격되었다. 이후 1995년에 충무시와 통영군이 통합되어 통영시가 되었다. '충무'는 충무공忠武公 이순신의 시호에서 왔고, '통영'은 통제영에서 왔으니 규모는 작지만 민족의 영웅 이순신 장군과도 떼려야 뗄 수 없는 유서 깊은 고을이다.

이순신 장군은 『난중일기』와 많은 한시漢詩를 남겼다. 무장으로서 뛰어난 전략가요, 유려한 문장가였던 것이다. 통영의 경관에 취하면 절로 시를 읊조리게 된다는 어느 시인의 말처럼, 장군께서 전시 중에 남기신 그 유명한 「한산도가閑山島歌」와 「한산도

야음閑山島夜吟」은 지금 읽어도 걸작이다.

3.

나는 1952년, '통영읍'일 때 태어났고 줄곧 이곳에서 자랐지만 어린 시절의 기억은 많이 지워버렸다. 나이가 들면서 유년의 일들은 자연스레 잊는다고 하지만, 내 경우는 스스로 어린 시절의 기억을 지워버린 일종의 '자발적 부분 기억상실증'이다.

마치 느와르 영화의 어둠침침한 화면처럼 내 유년의 기억 대부분은 그런 화면 속에 묻혀 있다가, 가끔 불쑥 튀어나오는 것이 문제다. 그럴 때는 기억의 퍼즐을 맞춰보려고 하지만, 몇 조각이 분실된 것처럼 좀체 맞춰지지 않는다. 그러다 부질없게도 내가 왜 이런 슬픈 기억의 조각들을 꿰맞추고 있는 걸까, 자책을 한다.

경남 진해가 고향인 아버지는, 함경북도 청진에서 성장하여 6·25 때 남하한 어머니와 거제 피란민 수용소에서 처음 만났다. 거제 연초延草에 출장 중이던 아버지는, 철조망 사이로 어머니를 만났고 청혼하여 통영에서 둥지를 틀었다 한다. 당시 불심검문을 피해, 험한 산길을 몇 날 며칠을 걸어서 오느라 너덜너덜해졌을 어머니의 치맛자락과 고무신, 생각만 해도 애잔하다.

내 기억의 시발은 서너 살부터인데 초등학교 졸업할 때까지는 강구안 근처인 항남동 바닷가에 살았다. 다른 것은 몰라도 그 공포의 사하라 태풍을 똑똑히 기억한다. 집채처럼 몰려다니다 해

안 마을을 초토화시킨 어마어마한 파도와 바람은 지금 생각해도 온몸이 움찔하다. 어찌 대피할지 몰라 아우성치는 사람들과 해안을 벗어나 안쪽으로 대피한 사람들이 함께 겪었던 극도의 공포감. 그것은 어쩌면 내 인생 도입부를 장식한 시련의 전조를 미리 보여준 것인지도 모른다.

문제는 늘상 아버지의 술주정에서부터 시작되었다. 아버지가 술을 드시고 오는 날은 멀리서부터 들리는 고성방가로도 온 식구가 죽음 같은 공포에 떨어야 했다. 그런 날이면 나는 동생 다섯을 데리고 바닷가를 배회하며 추위에 떨다가 궁여지책으로 파출소를 찾아들기 여러 번이다. 밤바다를 불 밝힌 여수와 부산을 오가는 여객선을 보면 큰 도시로 도망칠 생각도 했다.

그 후 얼마 동안은 서호동 간장공장 근처에 살았는데, 마당이 넓고 집 옆으로는 도랑이 흘렀다. 가정 선생 댁과는 마주 보며 살았는데, 우리 집에서는 일주일에 서너 번 집기 깨지는 소리가 났고, 허겁지겁 도랑물을 철벅이며 어머니와 여섯 남매가 도망을 치곤 했다. 그 일이 창피스러워 선생님을 만나면 숨기 바빴다. 일 년 후 동피랑 아래 동호동 바닷가로 옮겨서 그런 피해의식에서는 벗어날 수 있었다.

몇 해 후 어느 날인가, 아버지의 호출이 있었다. 어떤 불호령이 떨어질지 몰라 좌불안석하고 있는데 당신께서 말문을 열었다.

"너 시집가거라. 찬물만 떠 놓고 혼례식 올리자는 신랑감이 나타났다. 술과 담배도 안 하는 성실한 청년이다."

아버지의 엄명(?)을 감히, 어떻게 거절하랴. 게다가 다 큰딸년이 가슴 졸이며 지내느니 차라리 시집가는 게 낫겠다 생각한 어머니의 속내를 차마 모른 척할 수 없었다. 정말 아버지의 말씀처럼 이불 한 채와 세숫대야와 요강 하나, 식기와 수저 두 벌만 가지고 시댁으로 들어갔다.

나는 결혼이란 것에 큰 의미를 두지 않았다. 결혼만 하면 집으로부터, 아니 아버지로부터의 탈출이니 그것으로 충분했다.

4.

성장기 시절의 나에게 '문화'라는 말은 사치스러운 단어였다. 사하라 태풍보다 파괴력이 컸던 아버지의 기세에 가족들은 늘 주눅이 들어 살았고, 하루하루가 고통스러웠던 내게 삶이란 그저 버텨내야 하는 일종의 형벌 같은 것이었다. 어린 나이임에도 삶에 마침표를 간간이 떠올릴 정도였으니 '문화'는 저 바다 건너에 일렁이는 딴 세상의 일만 같았다.

그런 내게 처음 '문화적'인 생각을 갖게 해준 분이 초등학교 4학년 때 담임 선생이었다. 작문 시간에 〈어머니〉라는 글을 썼는데 나는 그날 이후로 교내외의 백일장에 얼굴을 내밀게 되었다.

또 여학교 시절에 만났던 선생님 한 분도 큰 영향을 주었다. 교정에서 팝송과 세계명작들을 들려주던 영어 선생이었는데 행복이란, 꼭 가정이 화목하거나 금전적 풍요에서 주어지는 게 아니라는 것을 알게 해줬다. '문화'를 통해서 스스로 내면적 행복을 찾을 수 있다는 것을 조금씩 깨닫게 되었다.

이후로 나는 문학에 마음이 쏠렸다. 일종의 책 속으로의 도피였다. 하지만 그건 한때의 꿈이었다. 우울한 성장기의 소녀가 자신만의 세계를 구축하고 싶다는 애절한 갈망이 부풀린 꿈에 불과했다. 스무 살 무렵 나는 결혼했고, 아이가 태어났다. 이제 삶은 온전히 내가 나를 책임져야 한다는 고단한 현실 앞에 서게 된 것이다.

밑바닥부터 남편과 함께한 신혼이었다. 아이들이 태어나고 우리는 허리를 펼 시간도 없을 정도로 일해야 했으니 '문학'은 내게 신기루 같은 것이었다. 부모님과 살던 친정은 마음이 힘들었고, 남편과 일구어 가는 가정은 몸이 고달팠지만 나름대로 행복했다.

그런데도 간혹, 뭐지? 왜 살지? 하는 고민이 생기더니 급기야는 우울증이 덮쳐 왔다. 그때 까맣게 잊고 지낸 '문학'을 떠올렸다. 아니, 떠올렸다기보다는 신문의 작은 기사 하나가 내 기억의 모퉁이를 자극했다. '수국 작가촌'에서 '여름詩학교'가 열린다는 기사였다. 문학! 왜 그것을 이제껏 잊고 있었지? 나 자신을 위한, 나 자신만의 세계를 갖고 싶다는 나의 간절한 마음을 헤아렸던지 남편은 수강을 승낙해 주었다.

4년 후 '여름詩학교'가 타 지역으로 옮겨가고 말았다. 실망할

즈음 현수막 하나를 발견했다. 당시 통영시 부시장이던 수필가 고동주 선생님이 '주부창작교실'을 개설한다는 내용이다. 나는 즉시 등록하였다. 새로운 세계로 가는 티켓을 받은 기분이랄까. 여름시詩학교 지도 선생께서 "삶의 현실적인 부분을 써보고 싶은 사람은 수필 쪽을 생각해 보라."라던 말씀이 생각났다. 어쩌면 수필 창작이 내 적성에 더 맞을지도 모른다는 생각을 하며 '수필'이라는 완고한 성城에 첫발을 내디뎠다.

1994년, 나이 마흔세 살에 등단 과정을 거치면서 수필 여정을 시작했다. 내 생각을 표현하고 내 영혼을 살찌우는 시간이 열렸다. 게다가 중앙대학교 예술대학원에서 강의를 듣기 위해 비행기와 버스로 서울도 이웃인 양 즐겁게 오르내렸다.

통영이 배출한 위대한 예술인들의 그림자에 한 걸음 다가간 것이 그때부터였다. 관심을 갖지 않았을 때는 그저 책 속의 인물들이고 신문기사 속의 이름에 불과했지만, 관심을 가지면서부터 그토록 대단하다 여긴 분들과의 짝사랑이 시작되었다.

청마靑馬와 대여大餘의 시를 읽으면 가슴이 떨렸다. 박경리 선생의 소설 「김 약국의 딸들」과 「토지」를 밤이 새도록 읽으면서 정말 행복해했다.

언제였던가. 청마문학상을 받은 김춘수 선생님을 모시고, 선생님의 생가를 찾았는데 이럴 수가! 바로 우리 집과 이웃한 곳이 아닌가.

내 살아온 동선 대부분이 예술인들과의 인연의 끈으로 엮여 있었다. 통제영이 있던 세병관 부근의 초등학교에 다녔으며, 백일장은 주로 한산도 제승당에서 개최되었다. 학교에 다니면서 청마 선생의 생가와 연서를 썼던 중앙우체국 앞을 수없이 지나다녔다. 여학교에 오고 가며 무심코 걸어 다녔던 골목길엔 윤이상 선생의 생가와, 시집살이했던 동네에 박경리 선생의 생가도 있다. 내가 일상으로 발 딛고 다닌 무심상한 이웃이나 거리가 엄청 의미심장한 역사의 현장이 되었으니 나의 글공부는 심리적 동기부여에 충만했다.

5.

시가지가 외곽으로 확장되면서 이곳도 많이 변했다. 내가 어릴 적 살았던 항남동 근처는 문화마당으로 새 단장을 했다. 강구안 문화마당에 서면 그 옛날 이순신 장군의 호령 소리가 들릴 듯, 전라좌수영거북선·통제영거북선·한강거북선과 판옥선이 장엄하게 바다에 떠 있다.

임진왜란 때 풍전등화와도 같던 나라를 구해낸 전쟁이 바로 한산대첩 아닌가. 그 승전을 기념하기 위해 해마다 8월이면 '한산대첩축제'가 성대하게 열린다.

나는 행사 기간 내내 축제의 바다에 빠져들었다. '삼도수군통제영 군점'과 '통제사 행렬'에 승전무와 오광대도 빠짐없이 관람

했다. 축제의 프로그램은 여러 가지였지만 하이라이트는 단연 '한산대첩 출정식'과 '한산해전 재현'이었다.

산양읍 당포항에서 거북선 3척과 판옥선으로 분장한 어선 50여 척이 깃발을 휘날리며 출정하는 '한산대첩출정식'은 영화 〈명량〉의 장면과 오버랩되면서 행사 기간 내내 내 가슴을 뜨겁게 달구었다.

'한산해전 재현'을 보기 위해 이순신 공원에 올랐다. 많은 인파들이 산 전체를 단풍처럼 물들이고 있는 모습은 참으로 볼만했다. 하늘에서는 '블래이글 에어쇼'로 분위기를 고조시키고, 땅에서는 '조선수군 격군훈련'과 '통제영 24반 전통무예'가 펼쳐졌다. 뒤를 이어 바다에서 100여 척이 학익진鶴翼陣을 펼치는데, 나는 어느새 조선 수군이 되어 마구 함성을 질러댔다.

지난해 3월에 '삼도수군통제영'의 복원 공사를 끝내고 일반인들에게 개방했다. 13년에 걸쳐 많은 사업비가 투입되었고, 당시 우리 조선 수군들의 활약상을 한눈에 볼 수 있었다.

통제영의 중심 건물인 세병관은 현존해 있는 조선 시대 3대 단일 목조건물 중 하나라 한다. 만하세병挽河洗兵에서 따온 세병관洗兵館이라는 이름은 '은하수를 끌어와 병기를 씻는다.'는 뜻이며, 출입문인 지과문止戈門은 창을 거둔다는 뜻이니 전쟁 종료의 의미가 담겨 있다. 다시는 전쟁을 겪지 않게 해달라는 염원과 언제든 전쟁에 대비하자는 뜻으로, 평화를 기원하면서도 국가수호를 게을리하지 않겠다는 뜻을 현판에 담은 우리 조상들의 지혜가 엿보인다.

6.

통영에는 문학관과 기념관이 많다. 박경리기념관, 김춘수문학관 그리고 전 외무부장관 김용식 선생과 소설가 김용익 선생의 기념관 또한 볼거리다. 또 김성수 관장이 설립한 국내 유일의 옻칠미술관도 우리 고장의 자랑이다. 어디 그뿐이랴. 세계적인 음악가 윤이상 선생을 기리는 '통영국제음악제'는 국내는 물론 아시아권에서 가장 권위 있는 현대음악제로 자리 잡았다.

통영국제음악당은 1,300석 규모의 클래식 전용장인 콘서트홀과 300석의 블랙박스홀과 야외무대 등으로 구성돼 있다. 건물 외관은 음악과 자유를 향한 큰 날개를 상징하며, 완벽한 음향시설에다 주변 환경까지 수려해 통영의 새로운 랜드마크로 자리 잡게 되었다.

시드니의 오페라하우스에 버금가는 통영국제음악당은 파도가 치면 거만하게, 바다가 잔잔할 때는 새색시처럼 고운 웃음으로 손님을 맞는다. 얼마 전 재즈 공연을 보기 위해 국제음악당을 찾았다. 입구로 들어서니 8분 음표가 태극색인 빨강과 파란색으로 단장하고 우리를 반겼다. 나는 쪽빛 바다 위에 갈매기와 요트와 섬이 하나 되어 떠 있는 평화스런 풍광을 보며 새삼 한려수도의 아름다움에 빠져들었다.

콘서트홀 로비에는 전혁림 화백의 작품 〈만다라〉가 전시돼 있다. 전혁림 화백은 오방색을 사용하여 전통미를 현대감각으로 재조명하였고, 자신만의 독특한 회화기법으로 도자기화, 색채조각, 판화 등 3,000여 점을 남겼다. 그의 작품은 전혁림미술관에 전시돼 있다.

7.

어린 시절, 학교에 오가면서 보면 시장 상인들의 힘들고 거친 삶과 그들이 거주하던 동피랑의 집들이 늘 무거운 짐을 지고 짓눌려 있는 듯한 모습으로 다가왔다. 나 역시 그 주변에서 같은 공기를 마시며 살았으니 그들과 매한가지 체취를 지닌 통영 사람이다.

이제 그런 삶의 모습에서 인간적 매력과 정감을 찾을 여유가 생겼지만, 옛 시절엔 어둠 속에서 빛을 갈구하는 힘든 삶의 반복이었다. 어두운 곳에 있으면 다른 이들도 모두 어둡게 보이지 않던가.

만일 내가, 통영이라는 도시에 태어나지 않았더라면 문화예술이라는 자양분 위에 제대로 된 문학을 꿈꿀 수 있었을까. 아마도 통영의 예술적 환경이 없었다면 나는 꿈을 꾸지도 못한 채 지금과는 다른 모습으로 살고 있을지도 모른다. 경상도 청년과 함경북도 처녀와의 사이에서 태어난 내가, 그것도 예향 통영에 태어났다는 건 축복 중에 축복인 게다.

　언젠가 '나는, 어떤 글을 쓰고 싶은가?'를 자문해 본 적 있었다. 그때 '충무김밥'이 생각났다. 1960~70년대 선착장에서 김밥을 만들어 팔았는데, 더운 날이면 쉬어서 못 먹게 되는 김밥이 많았다. 하여, 김밥과 내용물을 분리해서 팔기 시작했는데, 의외로 사람들의 호응이 좋았다. 그러다가 '국풍 81' 때 어두이魚斗伊 할머니의 '뚱보 할매 김밥'이 전국에 널리 알려지면서 통영의 명물이 되었다.

　충무김밥은 유명세에 비해 화려한 음식은 아니다. 맨밥을 김에 말고, 반찬은 무김치와 오징어와 어묵무침으로 단순하다. 소박하지만 서민들이 좋아하는 음식이 충무김밥의 매력이라면 수필의 매력 또한 그렇지 않겠는가. 내 글도 그랬으면 좋겠다. 충무김밥처럼 오래도록 사랑받는 그런 수필을 쓰고 싶다. 없으면 조금 섭섭하고 가까이 있으면 작은 위안이 되는 소박하고 진정성 있는 글로 사람들과 만나고 싶다.

　내일은 '한려수도 조망 케이블카'를 타고 미륵산 정상에 서서 통영의 쪽빛 바다에 흠뻑 물들어 보리라.

눈 내리는 날 추사를 만나다

눈이 내린다. 싸락눈이 흩날리더니 이내 눈발이 굵어진다.
지인에게 전화가 온다. 인근 지역에 설국이 펼쳐졌다는 소식을 전해온다. 생각해볼 겨를도 없이 차에 시동을 걸고 그쪽으로 향한다. 사람의 단순함이라니!
고성 IC로 들어서자마자 싸락눈은 함박눈으로 변하고, 차들이 주춤주춤한다. 산과 들엔 제법 눈이 쌓이고 나뭇가지에 얹힌 눈도 두께를 더한다. 나는, 캔버스 위에 그려지는 설경을 맘껏 감상하면서 라디오에서 흘러나오는 음악을 따라 흥얼거린다.
차들이 서행하기 시작하자 이때다 싶어 창문을 내리고 휴대폰으로 풍광을 찍는다. 즐거워하는 내 모습도 담는다. 그게 세상과 고립되는 전조라는 걸 그때는 왜 미처 몰랐을까.
통영은 일 년에 눈 한 번 구경하기 어려운 지역이다. 타 지역보다 훨씬 따뜻해서 눈으로 문제가 일어나는 상황은 보기 어렵고, 눈이 오면 즐겁기만 하지 불편을 줄 거라는 생각은 전혀 하지 않는다.

차들은 점차 속도가 느려지더니, 가다 서다를 반복하다가 어느 순간 고속도로 위에 멈춰서고 만다. 점차 굵어지던 눈발이 폭설로 변해버린 것이다. 기상청 예보를 믿은 게 잘못이었다. 이십여 분이면 IC를 통과하고도 남을 시간인데…. 달려온 제설차마저도 작동을 멈추고 멍하니 서 있다.

'어느새 한 시간이 지나가 버렸네.'

등 뒤에서 차 한 대가 비상등을 반짝거리며 계속 경적을 울린다. 추월차선에 차를 세우고 서 있는 내 차에게 비켜달라는 신호인가 보다. 내 죽을 짓을 어찌하겠는가. 나는 꼼짝도 하지 않는다. 그 운전자는 결국 주행선을 바꾸더니 삿대질을 해대다가 눈길에 미끄러진다. 휴우….

시간이 흐를수록 초조해지면서 불안해진다. 이제 눈이 문제가 아니다. 배둔으로 나가는 오른쪽 IC는 전혀 움직이지 않고 있다. 경사진 길인 데다가 길이 얼어 이동을 못 하는 것이다. 왼쪽 길은 차들이 그나마 조금씩 움직인다. 나는 고속도로를 포기하고 국도로 나가기 위해 내비게이션을 조작하는데 어럽쇼, 길 안내자마저 불통이다. 한 번도 가본 적 없는 왼쪽 차선을 택하는 쪽으로 모험을 하기로 한다. 멈춰 서 있는 것보다 나을 것 같아서다.

겨우 살얼음판을 뚫고 국도로 나왔지만 어디가 어딘지 알 수가 없다. 세상은 온통 눈이다. 하얀 천지간에 내 차 한 대만 덩그마니 서 있을 뿐이다.

그때 왜 추사의 〈세한도歲寒圖〉가 떠올랐을까? 세상과 권력에서 추방된 유배지의 고립감 속에서 그린 그림. 눈이 왔는지 안 왔는지는 모르지만 하얗게 얼어붙은 세상에 잣나무 두 그루와 노송 두 그루, 그리고 허름한 집 한 채. 그림 속 세상은 외로움으로 차 있다.

나와 그의 상황을 비교할 바는 아니다. 세상이 버린 선비를 잊지 않고 서책을 보내고 소식을 전하는 제자에게 그려준 것이라 한다. 화제畫題는 《논어論語》에 나오는 '세한연후지송백지후조歲寒然後 知松柏之後凋(날씨가 차가워진 다음에야 소나무 잣나무가 늦게 시듦을 안다.)'라는 구절을 달아 선비의 고고한 기품을 나타냈다 하니 나의 처지와는 아무런 상관이 없는 것이다.

오래전 그 그림을 볼 때는 그냥 지나쳤지만 상황이 한 치 앞도 안 보이는 적막강산에 고립되고 보니 추사의 외로움을 이해할 것 같다. 9년 동안의 유배와 일시적인 고립은 시간 차이만 빼면 동전의 앞뒤에 불과한 것임을. 마음이 편안해진다.

추사에 비하면 나는 아주 잠시 유배되었을 뿐이다. 얼마 전의 두려움은 실체가 없는 두려움에 불과했다. 피곤한 일상에서 홀로 생각하는 시간을 갖게 된 나는 지금 여유롭고 호사스러운 유배를 즐기고 있다.

한두 시간 후면 다시 북적대는 사람 세상으로 돌아갈 것이다. 피곤한 세상살이를 이어가야 한다. 이 자리는 잠깐이지만 요긴한 휴식이다. 외로움을 다독일 수 있고, 아무도 나를 방해할 수 없는….

잊힌 도시의 귀퉁이에서 고립된 채로 나는 아예 시트를 뒤로 젖히고 누워버렸다. 쌓인 눈이 차창마저 하얗게 덮고 있다. 인생은 하늘이 내린 이승으로의 유배일까. 차창 너머로 송백을 보았던가. 그 사이로 노인 한 분이 어깨의 눈을 털며 터벅터벅 걸어가고 있다. 내 눈길도 그 뒤를 하염없이 따라가고 있다.

제1부

안동역은 지금

　요즘 대중가요 〈안동역에서〉에 빠졌다. 노래를 듣고 또 듣는다. 노랫말이 감성을 자극해서다. '첫눈'과 '사랑하는 사람' 같은 단어는 적당히 통속적이긴 하지만, 그래서 더 호소력이 있다. 때에 따라 시처럼 사람 마음을 끌어당기는 마력이 있다.
　얼마 전 안동으로 여행을 가게 되었다. 애창곡이 되어버린 안동역에는 꼭 가보고 싶었다. 오지랖 넓게도 첫눈 오는 날 안동역에서 만나자고 한 사람이 왜 안 오는지 그 답을 얻을까 해서다.
　먼저 봉정사로 갔다. 한국에서 가장 오래된 목조건물이 있는 봉정사 사찰은 단청과 탱화와 처마 모양까지도 특이했다.
　영화 〈달마가 동쪽으로 간 까닭은〉을 촬영한 '영산암'도 정감이 갔다. 우화루를 지나 안으로 들어가니 소나무와 배롱나무, 아기자기하게 핀 꽃들이 여염집의 화원을 보는 듯 눈이 호사했다.

세월의 두께가 느껴지는 암자의 빛바랜 단청과 벽에 그려진 호랑이와 토끼 벽화는 흐릿하지만 익살스러웠다.

사찰에 전해져 오는 신화를 들었다. 한 소년이 불문에 들어 바위굴에서 도를 닦은 지 십여 년 되는 어느 날, 아리따운 여인이 나타났다. 옥을 굴리는 듯한 목소리로 몇 번이나 유혹했지만 청년은 과감하게 물리쳤다. 그녀는 옥황상제가 보낸 여인으로 동굴이 어둡다며 하늘의 등불을 주고 떠나갔다. 그 청년은 바로, 봉정사를 창건한 능인대사였다. 하늘에서 내려온 등불로 수도하였다 하여 그 굴을 '천등굴'이라 했고 대망산은 이후 '천등산'으로 불리게 되었다 한다.

독경 소리와 풍경 소리를 들으며 모처럼 정신적 자유를 누렸다. 천등산은 온통 연두색 나뭇잎들이 햇살을 받아 흰 구름과 어우러져 찬란한 봄을 연출하고 있었다. 아름다운 봉정사의 봄날!

세계탈박물관에서 여러 나라의 탈을 감상하고 내친김에 열린마당으로 가서 탈춤을 보았다. 안동하회별신굿은 800년을 이어온 탈춤으로 풍자와 해학, 웃음이 있어 흥겨웠다.

공연장에서 나와 셔틀버스를 타고 하회마을로 이동했다. 낙동강이 S자 모양으로 마을을 감싸안고 흐른다 하여 '하회'라는 이름을 붙였다 한다. 유네스코에 등재된 이 마을은 가장 한국적이며 독창적인 유교문화를 간직한 씨족마을로 공동체적 삶을 오늘날까지 이어오고 있다.

제1부

깨끗하게 정돈된 골목길을 따라 마을을 둘러보았다. 입춘대길이라고 써 붙인 고택도 있고, 민속촌처럼 우리의 전통 가옥들이 즐비했다. 흙길과 돌담, 정겨운 초가집들, 또 전통놀이 체험장에서는 구슬치기·팽이치기·투호놀이·비석치기 등을 할 수 있다 한다. 컴퓨터나 스마트폰에 빠져 있는 자녀들이 있다면 하회마을로의 나들이를 권하고 싶다. 자연 속에서 햇볕과 바람과 흙과 더불어 즐기는 우리의 놀이가 얼마나 재미있는지 알려주고 싶은 것이다.

마을을 한 바퀴 둘러보고 강변으로 걸음을 옮겼다. 만송정 숲길은 울창했고, 만개한 벚꽃은 나비 되어 어깨 위로 머리 위로 날아다녔다. 강과 숲길, 벚꽃을 보며 유유자적 걷노라니 내 자신이 긴 생머리의 봄처녀가 된 양 발걸음도 가벼웠다.

건너편 산 정상에 정자 하나가 보였다. 훗날 기회가 된다면 부용대는 꼭 가보아야지. 그곳에 올라 하회마을의 아름다운 산야와 여인의 몸매처럼 아름다운 강줄기를 보다 보면 선비들의 시조 읊는 소리를 들을 수 있을는지 어찌 알랴.

새벽부터 달려왔지만 가보지 못한 곳이 더 많아 아쉬운 하루다. 도산서원과 내방가사 경창 대회장과 그리고 안동역에는 결국 가지 못했다. 비록 안동역엔 가보지 못했지만 첫눈 오는 날 만나기로 한 사람이 왜 안 오는지 미뤄 짐작할 수 있었다. 안 오는 것도 못 오는 것도 아니다. 봉정사의 전설을 따라가다가 탈박물관의 위용을 살핀다. 또 탈춤에 취하다가 하회마을 가뭇없는 세월의 심연에 잠기다 보면 바둑 두는 신선 옆에서 도낏자루 썩는 줄 모르는 나무꾼이 되고 마는 것을. 약속은 저만치 속세의 일인 것이다.

안동역에는 지금도 첫눈이 내리길 기다리며 약속한 사람이 오기를 기다리는 사람이 있을지도 모른다. 세월을 넘은 약속은 기다리는 순간까지만 아름다운 것, 그 이상은 아니다. 산다는 것 자체가 기다림의 연속이 아니던가.

맺지 못한 약속과 기다림을 안고 천년을 이어온 하회마을에서 나는 다시 나의 자리로 돌아가야 한다. 낭만이 아닌 현실의 약속이 있는 곳으로.

제2부

아름다운 나무

 어떤 일의 부분에만 집착하여 전체를 보지 못한다는 뜻으로 '숲은 보지 않고 나무만 본다.'는 말을 흔히 쓴다. 그러나 산을 오르거나 숲을 산책하다 보면 전체 숲은 보면서도 나무 하나하나를 보지 못하는 경우가 많다.
 얼마 전, 가끔 오르는 산에서 소나무 세 그루가 묘한 모습으로 자라고 있는 것을 보았다. 전에는 별 생각 없이 스쳐 지나가곤 했었는데 그날따라 내 시선을 끌었다. 양쪽의 두 소나무는 하늘을 향해 곧게 자라 있었다. 그런데 가운데 소나무는 둥치의 중간 부분이 기역으로 심하게 굴곡이 져서 하늘을 향하고 있는 게 아닌가. 살펴보니 왼쪽 나무의 중간쯤에 굵은 가지가 뻗어 나와 있었고, 가운데 나무는 그 가지를 피해 옆으로 한 번 굽어있었다. 두 나무 사이에 끼어 고사할 수도 있었는데 스스로를 양보하며 몸을 굽

힘으로써 좁은 공간이나마 자신의 몫으로 누린 것이다.

　순간 나는 부끄러워졌다. 우리는 자연을 찬양한다고 말은 하면서도 자연의 섭리를 거스르며 살고 있지 않은가. 예전엔 미덕으로 여겼던 양보나 이해, 관용과 연민 등은 이제는 보기 어려워졌다. 자신이 손해본다고 여겨지는 일은 좀체 참지 못하며 조금이라도 불편을 주는 행위를 참아내지 못한다. 내 집 앞에 차를 댄다며 삿대질이 오가고, 이웃집 시설물이 내 집을 가리게 되면 철거를 요구한다. 이웃과 이웃 간의 정이 사라지고 사람과 사람 사이에 이해타산이 들어서는 살벌한 모습을 우리는 자주 본다.

　세상에는 여러 유형의 인간들이 살아간다. 숲에 다양한 종류의 나무들이 섞여 자란다. 사람들은 땅의 일정 부분에 담을 치고 그 영역의 침범을 결코 용납하지 않는다. 만일 나무들에게 이기심이 있어 자신의 영역만 고집하면서 영역 안으로 들어온 다른 나무의 뿌리나 가지를 밀어낸다면 숲은 저 아름다운 모습으로 존재할 수 있었을까? 아마도 한정된 땅 안에서 서로 싸우고 상처 입히다가 자멸의 길로 들어설 것이 분명하다.

　사람이라고 다를 리 없다. 자본주의 사회가 불러온 이해타산 위주의 대인관계는 결국엔 사람을 상처 입히며 병들게 한다. 화려한 물질문명이 도시를 키워가는 대신 그 속에 사는 사람들의 영혼을 병들게 하며 패륜의 길로 몰아가는 것이다. 신문이나 방송에서 따뜻한 마음의 사람들을 취재하여 보도하는 것은 아름다운 마음을 가진 사람들이 점점 사라져 간다는 안타까움 때문이리라.

　가운데 소나무는 볼수록 아름답다. 분재처럼 귀하게도 보이지만 보는 사람으로 하여금 깨달음도 준다. 나무가 너무 강하면 꺾어지기 쉽고, 굳고 강한 것이 아래에 들며 오히려 부드럽고 약한 것이 위에 선다고 '노자'는 말했지 않은가. 양 옆에 곧게 뻗은 소나무는 현실적으로는 쓸모가 많을 것이다. 그래서 쓸모가 많은 만큼 어느 날 베어져 누군가의 집에 기둥이나 서까래가 될지 모른다. 그러나 휘어진 소나무를 베어 가는 사람은 없을 것이다.

　좁은 공간에서 몸을 굽혀 하늘을 얻은 소나무. 그 나무는 자신의 몸으로 양보와 관용만이 자연의 섭리임을 몸으로 웅변하고 있다. 유연하게 휘어진 덩치는 우아하기까지 하다.

　살아가면서 우리는 휜 나무 같은 사람을 만날 때가 있다. 자신을 낮추고 겸양으로 상대를 대하는 사람, 자신의 불편함에 앞서 상대의 불편함을 먼저 배려하는 사람을. 그럴 때면 나도 모르게 그 사람을 닮고 싶다는 생각을 갖게 된다.

　산을 내려오면서 내 가슴에 한 그루의 나무를 심었다. 매일매일 물을 주고 가꾸다 보면 마음밭의 나무도 그 휜 소나무를 닮을 수 있을까 해서다.

피안으로 간 메뚜기

 떨어뜨린 자동차 키를 주우려 허리를 굽히다가 나는 멈칫, 그 상태 그대로 정지하고 말았다. 바싹 마른 메뚜기가 눈에 띄었던 것이다. 부러진 더듬이, 너덜너덜 갈라진 날개, 여섯 개의 다리 중 성한 것은 한 개뿐인, 메뚜기. 어쩌다 이렇게까지 되었을까.
 손을 내밀어 메뚜기를 집으려 하자 바람이 휙 불어오더니 메뚜기를 쓸어가 버렸다. 마치 인간의 더러운 손으로 신성한 메뚜기에 손대지 말라는 신의 경고처럼.
 크리스마스 용품을 전시한 상점에서는 캐럴이 흘러나오고 있다. 낼모레가 성탄절인데도 예전 분위기가 느껴지지 않는다. 갈 길을 재촉하는 사람들 사이로 자선냄비의 종소리도 들려오지 않았다. 차에 올랐다. 멀리 남망산 등성이가 화려한 도시의 불빛에 묻혀 흐릿하게 드러났다. 어쩌면 그곳에서 뛰어놀았을 메뚜기가 바람의 도움을 받아 저곳으로 갈 수 있을까.

어림없는 일이다. 살아서 제 날갯짓하며 여기까지 오는 것은 가능했을지 몰라도 사람들과 자동차를 피해 저 남망산 기슭까지 갈 수는 없을 것이다. 설사 바람이 그런 것들을 피하게 해준다 해도 사방으로 꺾이는 길을 지나 저 기슭에 닿으려면 겨울 내내 아스팔트 위를 굴러야 한다. 어쩌면 메뚜기는 희망봉 같은 기슭에 닿기도 전에 바스러져 한 줌 바람 되어 사라질 터이다.

시내를 벗어나 해안도로로 접어들었다. 시내와는 달리 해안도로는 크리스마스 불빛에서 밀려나 있다. 작은 어촌 마을들이 올망졸망 엎디어 삶의 아궁이에 소박한 불을 지피고 있을 뿐, 산 그림자들이 차창을 스치고 지나갔다. 차의 전조등은 그 산까지 미치지 못하고 코앞의 아스팔트만을 간신히 비춘다.

문득 여기서 탈선하면 나도 그 메뚜기처럼 되는 건 아닐까 하는 생각이 들었다. 내 영혼은 전조등에 의지해 고작 코앞이나 비추면서 달리는 아스팔트 위의 메뚜기와 다를 게 뭘까.

어느 날 이승에서 내가 삶을 끝냈을 때 가족들은 슬퍼하고 친구들이나 이웃들은 몇 방울의 눈물로 조문하고 그러고는 아무 일 없었다는 듯이 평소처럼 살아갈 것이다. 가끔은 술 한잔 마시다가 그저 그런 사람, 그렇게 살다가 그렇게 사라진 사람쯤으로 잊히겠지. 그렇다면 나는 도시 한복판에서 바싹 마른 채로 바람에 날리는 메뚜기와 무엇이 다른가. 한 줄기 바람조차도 외면하는 인간의 죽음은 어쩌면 메뚜기보다도 더 가련한 것 같다는 생각이 스쳤다.

　더 늦기 전에 돌아가야 한다는 생각이 들었지만 어디로 가야 하는지 길을 잃어버렸다. 내 삶이 시작된 곳은 어디인지 기억이 나지 않았다. 전조등은 막막한 어둠 속에 코앞만을 비추어 줄 뿐. 기억하지 못하는 것을 기억하려고 안간힘을 썼다. 나는 어디서 왔는가. 바람이 데려간 메뚜기는 지금 어디쯤 있을까. 그의 육신과 분리된 영혼은 왔던 곳으로 돌아갔을까. 갑자기 앞에서 무언가가 튀어나오는 듯해 급브레이크를 밟았다. 타이어 타는 냄새가 코를 찔렀다. 차에서 내려 살펴보니 무엇이 튀어나온 게 아니라 도로만 보며 달리다 보니 커브로 꺾인 시커먼 언덕이 물체처럼 보였던 것이다.

　우리네 살아가는 과정에는 이처럼 무시로 튀어나오는 위험이 상존하지 않던가. 문제가 생겼을 때, 실제로 무엇이 튀어나오기보다 한 치 앞만 보고 살다 보니 이미 다가와 있는 위험들을 미처 알지 못해 그 자체로 널브러진 경우가 부지기수다. 그 모두가 우리의 삶이 본질에서 너무 멀리 떠나와 있기 때문 아닐까. 아니, 자연 속에 살며, 자연과 같은 마음을 가지고, 자연 속의 나무처럼 아이들을 키우다가 낙엽처럼 떨어져 한 줌의 흙으로 돌아가는 생의 과정에서 너무 멀리 떠나온 것은 아닐까. 그렇다. 우리는 지금 길을 잘못 든 메뚜기처럼 생의 고향에서 너무 멀리 와 있다. 왜 몰랐을까. 그것을 깨닫는 것만으로도 우리의 영혼은 생의 고향 쪽으로 한 발 성큼 다가가고 있다는 것을.

바다를 향해 섰다. 비록 구름에 가려 흐릿했지만 달빛은 바다와 낮은 산들을 뚜렷이 비춰주고 있다. 가슴을 쭉 펴다가 미미한 날개 소리를 들었다. 순간 메뚜기 한 마리가 산등성 그림자 사이로 나는 모습이 보였다. 환청이고 환시였을 것이다. 하지만 내 가슴에는 향기로운 전율이 일었다.

비눗방울 세상

 아이의 눈이 동그랗게 커졌다. 두리번거리던 맑은 눈이 금방 푸른 하늘로 향했다. 비스듬히 반사된 가을햇살이 아이의 활짝 열린 동공에 반사되며 반짝 빛났다. 순간 세 살짜리 꼬마는 무슨 생각을 했을까. 지윤이는 반짝이는 눈으로 다시 손을 내밀었다. 그 표정엔 무한한 호기심과 기대가 담겨 있다.
 나는 다시 비눗방울을 불어 고사리처럼 작은 손 위에 살포시 올려놓았다. 아이는 손바닥 위에 얹힌 비눗방울을 신기한 듯 바라보다가 다른 손으로 잡으려 하자 톡 터져 버렸다. 조금 전처럼 눈을 크게 뜨고 '어디로 사라졌을까.' 하며 찾는 모습이 무척 귀엽다. 나는 열심히 지윤이에게 비눗방울을 만들어주었다. 아이의 눈은 무지갯빛 방울을 따라다녔고, 내 눈은 아이의 표정을 따라다녔다.
 TV에서 비눗방울 마술사가 공연을 했다. 그는 아주 작은 것에서부터 사람이 통째로 들어갈 수 있는 것까지 자유자재로 비눗방울을 만들어 객석을 환호의 도가니로 몰아넣었다. 크고 작은 방울들이 그의 막대 끝에서 색색의 조명을 받으며 돌고 돌았다. 우리를 환상의 세계로 인도하는 절대자의 몸짓 같았다. 비눗방울은 눈을 속이는 요술도 아니고 착시도 아니다. 세상 어딘가에 존재하는 것을 우리가 찾지 못했을 뿐, 그는 그것들을 심미안으로 찾아내어 사람들에게 보여준 것이리라.

나는 오랫동안 잊고 있었다. 어릴 적 비눗방울 놀이는 우리들에게 얼마나 익숙하고도 즐거운 놀이였던가. 수수깡을 비눗물에 담가 후 불면 작은 물방울들이 허공으로 하늘하늘 날아오르곤 했었다. 바람에 둥실 날아가다가 톡 터지면 다시 불며 쫓아다녔다. 그러다 학교를 졸업하고, 결혼하고, 아이 낳아 키우면서 어느 날 문득 되돌아봤을 땐 사라진 비눗방울처럼 많은 것을 잃어버리거나 잃어버린 후였다.

비눗방울은 그저 물풍선에 불과하지만, 그것을 바라보는 사람들의 눈은 늘 경이롭다. 말간 비눗물이 햇빛을 받아 무지개 빛깔을 연출해 낼 때면 아무리 삶에 찌든 어른이라 할지라도 그 순간은 눈빛부터 순수해진다. 마술처럼 부풀어 올랐다가 어느 순간 사라지고 다시 부풀어 올랐다가 순간 사라지는 비눗방울들.

어린 시절의 꿈과 어른이 되었을 때의 꿈은 왜 달라지는 것일까. 어른들은 아이들에게 아름다운 꿈을 꾸며 간직하라고 말하지만 정작 자신들은 꿈을 꾸기나 할까. 부모들은 자식에게 따뜻한 세상이 펼쳐진 동화책을 사주지만 정작 어른들은 그 동화를 읽기나 할까.

　어른이 되어 처음으로 비눗방울을 불어보니, 잃어버린 것들에 대한 아련한 시간들이 목까지 차올랐다. 그것들은 아주 멀리 두고 온 것이 아니라 아주 깊은 곳에 묻어두고 까맣게 잊어버린 것들이었다. 내 가슴에, 모든 이들의 가슴에 여며둔 지난 추억 속에 있을 것이다. 어릴 적 친구들과 날려 보냈던 비눗방울들, 풀꽃 반지, 새벽녘 호박 잎사귀에 숨어살던 작은 이슬들…. 그 모든 것들은 까맣게 잊고 있었지만 우리의 심연에 분명 살아 숨 쉬고 있다.

　어른들이 동화를 읽고 보릿대로 비눗방울을 분다 한들 누가 웃으랴! 아이와 함께 비눗방울을 불고 아이와 함께 그 비눗방울을 따라 뛰어다니는 모습은 생각만 해도 즐겁지 않은가. 아무도 그래서는 안 된다고 한 적 없다. 하나 우리는 그러지를 못했다. 단지 어른스럽지 못하다는 이유만으로.

　오늘도 손녀가 왔다. 나는 정성껏 비누를 깎아 물에 녹인 후 글리세린과 설탕을 조금 넣고 저었다. 지윤이는 기대에 찬 눈망울로 내가 만드는 비눗물을 보고 있다. 이 아이의 마음속엔 이미 크고 작은 오색 물방울들이 하늘 가득 떠다니고 있을지도 모른다. 내 가슴에도 비눗방울이 날아다니기 시작했다. 따스한 가을 햇살을 받으며 나는 손녀와 함께 아름다운 어린 시절로 돌아가고 있다. 작은 비눗방울 하나로 세상은 이렇게 아름다운 것을.

성북동 비둘기와 어시장 고양이

어시장 근처에서 친구와 식사를 하다가 눈에 들어온 한 풍경 때문에 수저를 놓고 말았다. 고양이 한 마리가 활어차 근처를 어슬렁거리고 있었다. 활어차에서 물을 뽑아내는데 거기서 생선 냄새를 맡은 모양이다.

한눈에 보기에도 길고양이가 분명했다. 등에 주황색의 선이 가로로 선명한 그 고양이는 털이 군데군데 뭉쳐져 있으며, 영양실조 탓인지 늑골이 앙상하게 드러나 있다. 그런데 뭘 잔뜩 먹었는지 배는 불룩했다. 그때 누군가가 고양이에게 물을 확 끼얹으며 소리쳤다.

"저리 가, 재수 없게!"

고양이는 한 걸음 재빨리 물러서더니 입맛을 다시며 저쪽으로 사라졌다. 그때 알았다. 고양이가 새끼를 가졌음을.

제2부

나는 예전에 「고양이는 썰매를 끌지 않는다」는 수필을 쓴 적 있다.

'고양이는 썰매를 끌지 않는다.'는 말은 고양이는 개와 달라 결코 사람에게 길들여지지 않는다는 뜻이었다. 혼자 활동하며 길들여지지는 않지만 새로운 것에 대한 호기심이 강한 창의적 동물이다. 그런데 저 초라한 꼬락서니라니! 게다가 얼마 전 TV '동물의 왕국'에서 사육사에 의해 길들여진 고양이의 묘기를 보았던 터라 마음이 편치를 않았다.

문득 김광섭 시인의 「성북동 비둘기」가 생각났다.

"성북동 산에 번지가 새로 생기면서/ 본래 살던 성북동 비둘기만이 번지가 없어졌다./ (중략)// 성북동 메마른 골짜기에는/ 조용히 앉아 콩알 하나 찍어 먹을/ 넓찍한 마당은커녕 가는 데마다/ 채석장 포성이 메아리쳐서/ 피난하듯 지붕에 올라 앉아 아침 구공탄 굴뚝 연기에서 향수鄉愁를 느끼다가/ 산 1번지 채석장에 도로 가서/ 금방 따낸 돌 온기에 입을 닦는다 (하략)"

1968년에 발표된 이 시는 사람들에게 큰 반향을 불러일으켰다. 당시 이 나라에는 개발 붐이 일기 시작했다. 도시 곳곳에 길이 나고 집들이 개량되면서 건축자재를 구하기 위해 산을 깎아 돌을 파내고 강을 긁어 모래를 파낼 때다.

「성북동 비둘기」는 도시가 산업화하면서 야생의 비둘기가 개

발의 변화에 적응하는 모습을 보여준다. 숲이 망가지고 사라지자 다른 동물들은 더 깊은 산속으로 숨거나, 오랜 보금자리를 떠나버렸다. 그런데 "금방 따낸 돌 온기에 입을 닦는다"는 표현처럼 성북동 비둘기의 적응력은 놀랍다.

거기에 비해 고양이는 더 적응력이 뛰어나다. 비둘기는 자신의 일차적 터전을 잃고 문명에 적응했지만 고양이는 그의 일차적 터전인 인간에게서 버림받고 산으로 갔다. 그러다 먹이를 구하지 못해 다시 인간 세상으로 내려와 음식 찌꺼기를 강권하고 있는 것 아닌가.

한때 고양이를 창의적이고 독립적인 동물이라고 예찬했던 나로서는 강한 배신감마저 느껴졌다.

'세상에, 고양이답지 못하게!'

그게 솔직한 나의 심정이었다. 입맛이 가시면서 먹을 기분도 없어졌다. 고양이의 사촌인 스라소니나 살쾡이는 눈 덮인 산속에서 끼니를 거를지언정 구걸은 하지 않는다고 한다. 자존심 강한 그들의 모습은 얼마나 당당한가.

잠시 후 고양이의 자존심은 접어두기로 했다. 그 고양이는 지금 배 속에 새끼를 가졌지 않은가. 제 자신의 연명보다 몸속 새끼의 보호가 더 절실한 것이다. 배 속에 담아둔 새끼의 생존을 위해 사람들의 갖가지 위협과 천대 따위를 감내하는 그 고양이는 이제 예전의 고양이가 아니다.

생존의 엄숙함 앞에 누가 자존심을 말하고 누가 체면을 얘기할 수 있단 말인가. 만일 나라면 그런 경우에 자존심을 내세우면 고고할 수 있을까. 그렇게 생각을 하고 보니 고양이가 측은해졌다.

시간이 흐르고야 어시장의 고양이에게서 내 모습을 보았다. 킬리만자로의 당당한 한 마리 표범으로 살지 못하고 한낱 삶의 저잣거리 속에 생존이나 구걸하며 살고 있는 내 모습을.

편지 쓰는 밤

밤입니다.

홀로 불 밝혀 책을 읽자니 창밖에 내리는 장맛비마저도 정겨운 느낌으로 다가옵니다. 조용히 책을 덮습니다. 돌아보면 지난 겨울은 너무 메말랐던 것 같습니다. 겨울바람이 쓸고 간 대지가 목마름으로 거칠게 갈라질 때 나는 내 젊음이 부서져 나가는 것 같아 홀로 절망감을 삼키곤 했습니다. 푸르렀던 시간을 모두 탕진하고 삭풍이 이는 계절 끝에서 나의 인생의 간절함을 느꼈기 때문입니다. 마른 나뭇가지 끝에서 부는 바람 소리가 마치, 돌아올 수 없는 내 지난 시간들이 서러워 우는 것만 같았지요.

이 밤, 창문을 두드리는 빗소리가 그리 정겨울 수 없습니다. 이런 밤이면 누군가가 그리워집니다. 지금 이 고즈넉한 시간에 내 가슴에 차오르는 충만함, 그 느낌을 공유할 수 있는 사람이라면 누구든 상관없습니다.

참, 내가 왜 그 생각을 까맣게 잊고 있었을까요. 편지를 써야겠다는 것 말입니다. 한쪽 귀퉁이에 노란 꽃잎이 그려진 편지지를 꺼내어 펜에 잉크를 찍어가며 그 옛날처럼 누군가에게 편지를 써야겠습니다. 그보다 먼저 지난가을 솔바람에 말려둔 국화 꽃잎을 꺼내 따뜻한 차를 한 잔 끓여야겠군요. 그리고 오래전 어딘가 넣어두었을 편지지를 앞에 놓아야겠지요.

긴 편지로 마음을 전하던 시절이 있었습니다. 아름다운 단어 하나, 문장 한 줄을 찾기 위해 밤늦도록 가슴을 저며 편지를 쓰던 시절 말입니다. 그러나 언제부턴가 편지 쓰는 걸 잊고 살았습니다. 시대가 바뀐 거지요. 요즘은 전자메일로 간단하게 몇 줄 쓰고 아름다운 사진에 음악까지 곁들여 보낼 수 있지 않습니까. 하긴 그나마도 귀찮아서 나는 휴대전화 문자로 몇 자 써서 보내기도 합니다만. 하고픈 말을 줄이고 줄여 쓰다 보면 글자가 망가지는데도 개의치 않을 만큼 편지 쓰는 일에 무감각해졌습니다.

밤을 새워 긴 편지를 쓰던 시절, 또박또박 획을 그으며 쓴 편지들은 한 자 한 자가 정성이며 진실이 오고 가는 아름다운 교감이었습니다. 설사 그렇게 쓴 편지라 해서 항상 누군가에게 전달되는 것은 아닙니다. 우리 젊었던 시절을 곰곰이 생각해보세요. 시간을 들여 써놓고도 부치지 못한 편지가 얼마나 많았습니까. 우리 세대쯤 되면 그런 편지 한두 개는 누구나 가슴에 담고 있을 것입니다.

　부치지 못한 그 편지는 실은 자신을 향해 쓴 편지입니다. 누군가를 향하여 막연하게 쓰는 편지, 그것은 감성이 풍부하던 시절 아름다운 것을 동경하며 쓴 것입니다. 자신을 향한 것이든 누군가를 향한 것이든 펜을 들고 편지를 쓰는 순간은 행복감으로 가슴 뿌듯해집니다. 그런데도 나는 너무 오랫동안 그것을 접고 살았습니다. 내 가슴에 샘솟던 사랑과 아름다움에 대한 동경은 다 어디로 가버렸을까요. 문자판을 두들겨 할 말만 전하는 것이 일상이 되어버린 요즘, 한 자씩 정성을 들이던 그 마음은 어디로 사라졌을까요.

　두들기다 못해 망가진 글씨로 의사소통하는 내 아이들 또한 걱정이 됩니다. 그들이 편지의 깊은 의미를 알까요? 가슴 설레며 편지를 쓰는 사람의 애틋한 마음을 알지 못한다면 그건 행복 하나를 잃는 것이겠지요.

　비가 오려나 봅니다. 이 비가 그치면 태양은 뜨겁게 대지를 덥힐 테고 산과 바다는 젊음의 생기로 충만하겠지요. 나는 이제 그들과 함께 모험을 하고 사랑을 하고 찬란한 젊음을 즐길 시간은 지났습니다. 그러나, 그러나 말입니다. 비록 젊고 싱싱한 포플러 나무는 아니더라도 아직은 가슴속에 향기 은은한 국화 한 송이 피울 열정은 남아 있답니다.

　차를 끓여야겠습니다. 향긋한 국화차 한 잔을 끓인 뒤 전등을 끄고 촛불을 밝혀야겠습니다. 빗소리를 들으며 촛불을 등대 삼아 이 밤 편지를 써야겠습니다.

  어릴 적 친구에게 편지를 써볼까요? 내일 아침 눈을 뜨면 그 편지는 부치지 못할 편지가 될 것이지만요. 그러면 어떻습니까. 오래전 책갈피에 접어 둔 단풍잎 하나 우표 대신 넣어 봉한 뒤, 아득히 멀어진 내 소녀 시절을 향해 부치렵니다.

  긴긴 편지를 쓰면 그 시간만큼 행복하겠지요. 이 밤 빗소리가 내 꿈의 한 자락을 적십니다. 비가 그칠 때쯤, 혹시 먼 시간을 건너온 편지 하나 빛 고운 단풍처럼 내 가슴의 호수에 천천히 떠갈지 누가 알겠습니까.

사랑에 관하여

라즈니쉬의 철학 우화 중에 있는 이야기이다.

위대한 철학자 '엠마뉴엘 칸트'에게 한 여인이 청혼을 해왔다. 항상 자신의 생각에만 몰두해 있는 사람이라 결혼에 관심을 두지 않았던 칸트는 생각해 보겠다고만 대답했다.

그리고 결혼에 대해 정말로 열심히 생각하고 연구했다. 도서관에서 결혼이나 사랑에 관한 책을 모두 찾아 꼼꼼하게 기록했으며 찬성하는 쪽과 반대하는 쪽을 메모해 가며 비교했다. 그리고 마침내 결혼하기로 결정했다. 찬성 쪽이 반대 쪽보다 조금 많았기 때문이다. 여인의 집에 찾아가 문을 두드리며 청혼을 받아들이겠노라고 말하자 그녀의 아버지가 나와 말했다.

"내 딸은 이미 결혼했소. 벌써 세 아이의 어머니가 되었다오. 당신이 좀 늦게 왔구려."

세상에는 생각해야만 하는 일이 있고 생각보다 먼저 감응하고 행동해야 할 일이 있다. 머리로 하는 생각은 인류문명을 발전시켜 온 원동력이지만 가슴으로 느끼고 반응하는 것은 사랑과 이해를 추진시켜 인간을 인간답게 해준 원동력이다. 누군가를 사랑할 때 상대를 분석하고 연구한다면 그것은 사랑이 아니라 사업이다. 누군가를 배려하려 할 때 계산기를 두드려 답을 얻으려 한다면 그것은 배려가 아니라 정치가 될 것이다.

가슴으로 즉각적으로 반응하는 것, 그것은 위험이나 손해를 동반할 수도 있다. 하지만 사랑은 위험과 손해를 감수해야 할 만큼 가치 있는 것 아닐까. 손해 보지 않으려 계산기를 두드릴 때 그는 진정한 인생을 손해 보게 된다. 인생은 맵고 짜고 쓰고 떫은 맛들을 모두 이해했을 때 비로소 사랑이라는 달콤한 맛의 깊은 의미를 알게 되는 것이다.

사랑을 하든 안 하든 그것은 자유다. 그러나 사랑하고 싶다면 가슴으로 반응하고 위험을 감수해야 하리라. 설사 쓴맛을 보더라도 세월이 흐른 후 그 경험은 아름다운 나무로 자라 달콤한 열매를 맺을 것이다. 그것이 바로 인생 아닌가.

아나키스트의 비상구

앞 차가 속도를 늦추며 비상등을 깜빡인다. 단순히 정체되는 것인지 아니면 무슨 일이 생긴 것인지 터널 안에서는 전혀 확인이 안 된다. 앞의 상황이 눈에 보이지 않으니 점점 불안해진다. 웬 터널이 이리도 길담, 스마트폰으로 터널 이름을 검색한다. 세상에나, 우리나라에서 세 번째로 긴 터널이라고 나온다.

차량은 계속 정체 중이다. 다들 앞에 뭐가 있는지도 모른 채 동굴 더 깊은 그곳으로 들어가고 있다. 그럴 리는 없겠지만 문제가 생기면 터널 벽을 박찰 수도 없다. 물을 꺼내 한 모금 마신 다음 셔츠 목 단추를 느슨하게 풀어낸다. 오만 가지 생각들이 머릿속을 스친다.

지금 가고 있는 이 길이 안전하다는 것을 장담할 수 없는데도 사람들은 그저 앞차를 따라만 간다. 한번 대열에 끼어들면 빠져

나갈 방법이 없다. 불현듯 그런 생각이 들었다. 우리 인생도 이런 식으로 어디론가 가고 있는 건 아닐까?

동남아 여행지에서 악어 농장을 본 적이 있다. 게슴츠레한 날카로운 눈빛과 위력적인 아가리와 굴착기 삽날 같은 거친 이빨, 어떤 맹수도 감히 섣부르게 다가갈 수 없는 위엄…. 그러나 현실은 전혀 달랐다. 사육사들이 던져주는 먹이 앞에 악어들은 타고난 야성으로 용맹스럽게 돌진하기보다는, 우르르 몰려나와 애절한 눈빛으로 한 조각 고기를 기다리는 비루한 존재에 불과했다. 맹수로서의 본능도 상위포식자로서의 위엄도 포기한 초라한 몰골에 지나지 않았다.

사람들은 자신들이 세운 찬란한 문명을 자랑하면서도 거기서 벗어나려 발버둥을 친다. 그렇다면 만물의 영장이라는 인간과 농장이라는 감옥에 갇힌 악어와는 하등 다를 게 무언가. 감성이 메마르다 못해 가슴은 차갑게 식어버리고 자유를 향한 의지를 꺾고 늙어가다가 어느 날 한마디 후회조차 남기지 못한 채 삶을 마감하는 그런 존재는 아닐까.

"언니 무슨 생각해요?"

운전하던 후배의 목소리에 갑자기 몽상에서 현실로 돌아왔다. 어느새 차들은 속도가 빨라지고 있다.

나는 생뚱맞은 질문을 던졌다.

"터널 안에는 비상구가 없지?"

"왜 없어요, 이삼백 미터마다 하나씩 있는데요."

후배가 가리키는 손끝 방향에 비상구 표지판이 녹색의 불을 켜고 있다. 정말 이백 삼백여 미터 간격으로 표지판이 하나씩 보였다. 운전을 그리 오래 하면서 터널 안에 비상구 표시를 왜 보지 못했을까.

멀리 출구의 빛이 커지고 있다. 차가 그 긴 터널을 빠져나왔다고 생각하니 안도의 한숨이 나왔다.

한참 후 동해 바다를 흔들어대는 파도가 가슴속으로 시원하게 들이쳤다. 우리는 바다가 보이는 숙소를 잡았다. 후배가 짐 정리할 동안 나는 파도 소리에 이끌려 밖으로 나왔다.

노을이 지고 있다. 스마트폰을 꺼내 노을을 배경으로 바다 풍경을 찍었다. 겨울 초입이라선지 사람들은 별로 없다. 스산한 바람과 밀리는 파도와 번져 내린 노을과 그리고 혼자라는 나만의 해방감. 마침 숨 막히는 터널을 빠져나온 듯한 자유로움이 온몸을 휘감으면서 여행은 내게 유일한 영혼의 비상구란 생각이 들었다.

인류는 평안을 추구하면서 문명사회를 만들었다. 하지만 육신만 살찌우는 물질을 만들었고 병들어 가는 영혼을 붙들고 문명으로부터의 일탈을 꿈꾸곤 한다. 찬란한 문명을 자랑하면서 문명에서의 탈출을 꿈꾸는 지독한 삶의 패러독스! 그러면서 어디서부터 잘못되었는지 알려고도 하지 않는다. 시작부터 인간의 잘못이라는 걸 인정하기 두려워서일까. 그리고 자신들이 지은 문명의 감옥 속에서 대책 없이 병들어 간다. 한 점의 고기를 먹기 위해 자신의 존엄조차 던져버린 비루한 몰골로 사육사에게 아부하는 악어와 뭐가 다른가.

  낮은 파도 소리가 해안에 부딪는 텅 빈 백사장을 배경으로 허리가 긴 소나무들이 역광을 받아 실루엣으로 보인다. 야윈 키다리처럼 보이는 그들은 지는 태양을 향해 우울한 아나키스트의 그림자처럼 붉은 수평선을 조금씩 흔들고 있다. 그들도 아스팔트와 백사장 사이에 붙박여 떠나지 못하는 상실감을 수평선을 보며 달래는 것은 아닐까. 수평선 너머 그 어디에 그들만의 자유로운 비상구를 갈망하면서. 소나무에 다가가 가만히 안아보았다. 바다는 점점 어두워지고 하늘엔 작은 별들이 돋아나기 시작했다. 내가 나무를 안았지만, 나무가 나를 안아 주는 것 같다. 울컥 눈물이 솟았다.

십 원의 인생학

아파트 앞 보도블록 사이에 구릿빛의 물체가 아른거려 자세히 보니 십 원짜리 동전이었다. 그냥 지나치려는데 마음이 편치 않았다. 저대로 두면 청소부의 빗자루에 쓸려가 버릴 텐데.

동전 모으는 저금통에 넣었다가 나중 불우이웃 돕기라도 하면 좋은 일에 쓰이는 셈 아닌가. 그렇기는 해도 십 원짜리 동전 줍는 것을 누가 보기라도 하면 좀 창피할 것 같다. 왜 하필이면 내 눈에 띄어 심사를 이리 괴롭히나. 그러나 아파트 현관문을 들어서는 순간부터 십 원짜리 동전에 대한 생각은 까맣게 잊어버렸다.

일주일쯤 지났을까. 세탁물을 찾아들고 아파트로 들어서는데 초등학교 5학년쯤으로 보이는 사내아이 둘이 장난치며 가다가 하나가 소리쳤다.

"어, 돈이다!"

그 소리에 앞서가던 아이가 뛰어오더니 "십 원짜리네. 저런 건 재수 없어. 그냥 가자!"며 친구를 발로 차는 시늉을 했다. 두 아이가 깔깔거리며 지나간 그 자리에는 얼마 전에 보았던 십 원짜리 동전이 아직 있는 게 아닌가. 청소부의 빗자루도 지나쳤고, 초등학생에게도 버림받는 초라한 모습으로 몇 날 며칠을 그렇게 땅바닥에 엎디어 있었던 것이다.

나는 얼른 동전을 주워들며 혼잣말로 중얼거렸다.

'그래 가자. 내가 거두마.'

집에 와서 십 원짜리 동전을 저금통에 넣었다. 거기에 옹기종기 모여 있던 십 원, 오십 원, 백 원 동전들이 신입한 친구를 반기는 듯해 마음이 따스해졌다.

지금은 돈의 가치가 많이 달라져 옛날에 비할 바는 아니다. 그러나 내 어릴 적만 해도 십 원이면 라면이 한 봉지, 쌀이 반 됫박, 오가는 시내 버스비가 될 만한 돈이었다. 지금이야 길바닥에서 눈길 맞추는 사람도 없지만…….

사람의 가치도 마찬가지가 아닐까. 잘사는 집에 태어나 부모로부터 귀한 대접을 받고 자란 사람이 있는가 하면, 가난한 집에 태어나 살아가기조차 바쁜 부모에게 관심받지 못하고 자란 경우도 얼마든지 있다.

힘들게 자란 아이들이나 결손 가정의 아이들은 학교나 사회에서도 관심을 받지 못한다. 길에 떨어진 십 원짜리 동전처럼 사람들의 눈에 띄지도 못하고 외면당한 채 어렵게 살아간다. 반대로 부유한 가정의 아이는 집에서는 말할 것도 없고, 학교나 사회에서도 부모의 후광으로 관심을 받는다. 태어나면서부터 경쟁력을 갖춘 아이가 되는 것이다.

그러나 십 원짜리 동전처럼 태어난 환경이 하찮다고, 인생 자체가 십 원짜리가 되는 것은 아니다. 살아가면서 가난과 역경을 이겨내고 만 원짜리, 오만 원짜리처럼 높은 가치의 삶을 사는 사람들도 많다.

어린 시절 충청도 음성 땅 산골 마을 초가집에, 가족들이 방 한 칸에 세 들어 살았던 반기문 어린이는 세계의 대통령인 유엔사무총장에 올랐다. 십 원짜리 동전 같은 초라한 어린 시절을 보냈지만 지금은 값을 매길 수 없을 정로로 귀한 사람이 되었다. 반면 부모의 대단한 후광을 업고 귀하게 자랐지만 결국 제 인생을 쪽박처럼 깨버리고 십 원짜리로 전락한 사람들도 더러 보았다.

동전이 든 저금통을 흔들어 본다. 자글거리는 동전 소리를 들으면서 내게 질문을 던진다. 나는 지금 십 원짜리일까? 백 원짜리일까? 살아온 날들의 발자취를 더듬으니 새삼 얼굴이 붉어진다.

잡초와 산삼

우연한 자리에서 접한 한 교수의 인터뷰 기사에 공감하며 기억의 창고에 보관했다.

"엄밀한 의미에서 잡초는 없습니다. 밀밭에 벼가 나면 잡초고, 보리밭에 밀이 나면 또한 잡초입니다. 상황에 따라 잡초가 되는 것이지요. 산삼도 원래 잡초였을 겁니다."

이런 말을 할 수 있는 그의 산뜻한 직관력에 박수를 보냈다. 그는 고려대 환경생태학부에서 강의하면서 17년간을 전국을 돌며 야생식물들을 틈틈이 채집했다 한다. 위의 말은 야생 들풀 100종과 4천여 종의 씨앗을 모아 종자은행을 개설하면서 몇 년 전 신문과의 인터뷰에서 그가 한 말이다.

사람 살아가는 일도 이와 별반 다르지 않다. 자신이 필요한 곳에 있으면 유익한 사람이지만 있어선 안 될 곳에 있으면 잡초일 뿐이다.

지난해에 이어 새해가 시작되자마자 보도되는 이른바 '갑질' 사건들을 보면서 그의 인터뷰가 생각났다. 우리 주변에는 잡초 같은 사람이 얼마나 많은가. 잡초도 그들만의 곡절과 사연이 있다. 우리가 살필 것은 잡초로 놓이게 된 상황이다. 남이야 눈살을 찌푸리든 말든 제자리 아닌 곳에 비집고 들어가는 사람이 있는 반면, 스스로도 들고 싶지 않은 자리에 들어갈 수밖에 없는 사람도 있다. 전자는 다른 사람들에게 해가 되고, 후자는 스스로에게 해가 된다.

어쩌다 이런저런 송사에 휘말리게 되면 거기엔 반드시 '브로커'라는 사람들이 붙는다. 없어도 되지만, 한쪽만 없으면 손해 보기 십상이라 당사자 양쪽은 소송이 진행되는 동안 그들을 곁에 두기 마련이다. 이 모두가 자신이 서지 말아야 할 자리에 서 있는 잡초 같은 사람 아니겠는가. 이들은 '을'도 아니면서 '슈퍼 갑질'을 해대며 사람을 힘들게 한다.

그들은 대개가 번듯한 인물에다 뛰어난 친화력, 유창한 언변, 빠른 두뇌 회전력을 두루 갖춘 사람들이다. 이들이 만약 자신의 격에 맞는 다른 일에 종사했더라면 출중한 능력으로 세상을 유익하게 했을 것이다.

중국 당唐나라에서는 인재를 등용하는 기준으로 신언서판身言書判, 즉 네 가지의 조건을 살폈다 한다. 신身은 사람의 풍채와 용모를 말하며, 언言은 언변을 뜻하고, 서書는 지식을, 판判은 상황에 대한 판단력을 의미한다.

네 가지를 대부분을 갖추었다 할지라도 신언서판身言書判 중 마지막인 판단력이 부족하게 되면 자신도 모르는 사이에 자신을 망치고 세상에 잡초가 되는 경우가 허다하다는 것이다.

세상에는 스스로의 의지와 무관하게 자신이 원하지 않는 자리에 서는 사람도 많다. 가정 형편상, 불의의 사고로 자신의 이상을 접고 암울한 상황을 견디려 노력하는 사람들이 도처에 있다. 그러나 이들에 대한 사회적 대접은 차갑기만 하다.

얼마 전 아파트 경비원들의 문제로 떠들썩하더니, 모 항공사 로열 패밀리의 '갑질'에 이어, 엊그제는 모 백화점 주차장에서 아르바이트하는 청년을 무릎 꿇린 모녀의 뉴스로 세상이 떠들썩했다.

항공기 부사장이나 백화점 주차장에서 두 모녀에게 무릎 꿇은 아르바이트생이나 제자리에 잘못 서기는 매일반이다. 그러나 조금만 들여다보면 두 개의 사정은 다르다는 것을 알 수 있다.

항공 기업체는 개인 사업체라 해도 특성상 공공 운수기관이다. 수많은 탑승객의 생명이 담보되어 있다. 그런데도 개인적인 감정에 의해 장난감 비행기를 다루듯 이륙하는 비행기를 회항하게 한 그녀는 분명 그 자리에 있어서는 안 되는 '잡초'가 아니었을까.

반면 백화점 아르바이트생은 가정 형편상 어쩔 수 없이 그곳에 있었고, 고급 세단을 탄 모녀에게 큰 상처를 받았다. 환경에 떠밀려 그 자리에 있었던 젊은이는 불가피하게도 슬픈 '잡초'가 될 수밖에 없다. 설사 젊은이에게 얼마쯤의 잘못이 있었더라도 지나친 처사를 서슴지 않는 모녀도 잘못된 자리에 서 있기는 마찬가지였다.

사람은 삶의 긴 행로에 첫 단추를 잘못 끼워 잘못된 자리에 서 있을 수도 있다. 그런데 자리를 잘 잡은 사람도 순간의 잘못된 판단으로 옳지 않은 잡초의 자리에 서기도 한다. 그때그때의 상황에 따라 해로운 잡초가 되었다가 이로운 약초가 되기도 한다. 두말할 필요 없이 자신을 성찰하는 수련 없이는 우리는 언제든 잡초로 전락할 수 있다는 말일 게다.

새해다. 약초는 아니더라도 잡초는 되지 말자. 새삼 나 자신에게 하는 말이다.

이름이 갖는 의미

　오랜만에 귀촌 생활을 하는 옥희 집에 갔다. 행사가 있어 가까운 사람 셋이서 카풀하여 다녀오는 길에 근처에 있는 그녀 집을 방문한 것이다.
　작은 계곡을 끼고 있는 옥희 집은 예전에 왔을 때와는 많이 달라졌다. 곳곳에 손길이 닿은 흔적이 역력했다. 썰렁했던 마당에는 잔디가 깔려 있고, 화단에는 온갖 야생화가 오밀조밀 정겹게도 피었다. 우리는 박물관을 구경하듯 집 주변을 돌며 구경했다.
　마당 옆에는 자그마한 텃밭이 있고 고추와 가지, 상추를 비롯한 갖가지 채소들이 햇살을 만끽하고 있다. 뒤쪽으로 있는 닭장의 닭 여덟 마리가 우리를 경계하는 눈으로 쳐다보고, 그 근처에 목줄이 묶인 개는 꼬리를 흔들며 반갑다고 난리였다.
　함께 온 영아는 닭장을 들여다보며 입이 함지박만 해졌다.

"안됐다. 오늘이 초복인데 우리가 손님으로 왔으니 너네가 희생해야겠네."

우리는 "맞아, 맞아." 맞장구치며 웃었다.

초복이라 꽤 더웠는데 마당 귀퉁이의 정자에 앉으니 산그늘이 내려오고 산들바람까지 불어와 시원했다. 처음 이 집을 방문했을 때는 썰렁한 모습에 어쩐지 서글프다는 느낌마저 들었다. 그러나 손때 묻은 시간과 정성이 가꾸어낸 지금의 모습은 오히려 부럽기까지 했다. 촘촘한 아파트에 살고 있는 나에게는 그야말로 꿈같은 별천지였다.

안주인이 내온 블루베리 주스를 마시면서 "나도 이렇게 한번 살아봤으면!"이라는 말이 절로 나왔다. 블루베리는 그들이 직접 재배한 것이다. 요즘 추세에 맞춰 아로니아 재배를 계획 중이란다. 여기 들어와서 고생하며 땅을 개간하고 집을 가꾸면서 보낸 첫 이 년이 제일 힘들었다고.

웃고 수다를 떨다 보니 시간은 어느덧 여섯 시를 넘어가고 있었다. 도와준다는 것도 마다하며 그녀가 준비해 온 저녁 식사는 그야말로 '그린필드'였다. 나물 몇 가지와 오이냉국과 산야초 장아찌가 밥상의 전부였다. 다들 다른 생각이 있던 터라 마주 보며 웃다가 영아가 말했다.

"여긴 초복에 고기 안 먹니? 저기 닭도 있던데?"

그러자 옥희는 손을 휘저으며 어림없다는 표정이다. 다들 집에서 부화한 닭인데, 손자들이 이름을 붙여놨다는 것이다. 부모 격인 철수와 영희가 있고, 그 밑으로 호롱이, 초롱이, 아롱이, 다롱이 등.

그런데 이름을 붙이자 정말 이상한 일이 일어났다고 한다. 이름을 부르는 순간 닭은 가축이 아니라, 가족 구성원이라는 느낌이 들었다는 것이다. 그중 한 마리를 먹는다면 철수나 영희를 먹겠다는 것이니 끔찍한 생각이 들지 않겠냐고 되묻는 데는 할 말이 없었다.

우리는 갖은 나물에다 참기름과 고추장을 넣고 밥을 비볐다. 정자에서 먹는 산채비빔밥은 정말 맛있고, 오이냉국은 복날에 충분하다 싶게 시원달콤새콤했다. 하긴 요즘은 너무 잘 먹어서 복날에 고기보다는 채소를 먹는 게 건강에 좋을 것도 같았다.

돌아오는 차 속에서 우리는 김춘수 시인의 시 〈꽃〉을 복창했다.

"내가 그의 이름을 불러주었을 때/ 그는 나에게로 와서/ 꽃이 되었다"

얼마나 오묘한 의미를 담고 있는가.

모든 사물은 이름이 없을 때는 존재하지 않는 것과 다름없다. 비록 닭에 불과하지만 이름을 갖는 순간 그놈들은 가족의 일원이 된 것이다. 닭이라는 종별 명칭은 이름이 아니다. 그저 가축으로 분류하는 명칭일 뿐, 그러나 한 마리 한 마리가 개별적 이름을 얻는 순간 그들은 존중받는 가족이 된 것이니 이름이 주는 의미는 정말 대단하다.

지어진 이름도 언제 불렸는지 까마득하게 잊고 사는 사람들도 많다. 바로 주부들이다. 결혼하는 순간 누군가의 엄마, 아내, 아줌마, 할머니라는 분류 명칭으로만 불렸을 뿐. 여자들 세상이라고 말하는 지금도 그렇다.

우리도 때로는 누군가가 이름을 불러주기를 원한다. 아직도 누군가에게 의미 있는 그리고 존중받는 '꽃'이 되고 싶은 까닭이다.

나이 들면 보이는 것들
-동피랑 벽화마을에서

 나이가 들수록 사물을 보는 눈은 침침해지지만, 그 사물의 내면에 숨겨진 아름다움을 보는 눈은 깊어지는 것일까.
 얼마 전 동피랑 마을을 찾았다. 왜 갑자기 그곳 가파른 언덕 마을을 올라가 볼 생각이 들었는지 모른다. 아마 봄 햇살이 따스해서였을 것이다.
 동피랑은 이름 그대로 '동쪽 벼랑'이라는 뜻이다. 통제영統制營의 동쪽 바다를 감시하고 견제하기 위한 포가 설치되었던 언덕 꼭대기가 동포루東砲樓이다.
 시에서는 좁은 골목을 따라 다닥다닥 붙은 낙후된 이 마을을 철거한 뒤 동포루를 복원하고 언덕 전체를 공원으로 조성할 계획이었다. 그즈음 한 시민단체가 발 벗고 나서서 '동피랑 색칠하기 - 전국벽화공모전'을 열었고, 전국의 미술대학생과 일반인들이 모여 담장과 축대에 벽화를 그렸다. 그 후 관광명소로 탈바꿈되면서 보존 쪽으로 정책이 바뀌었고, 타 지역 예술인들이 작업할 수 있는 공간도 서너 채 활용되고 있다.

사실 나는 그게 관광객이 탄복할 정도로 아름답다고 생각해 본 적은 없다. 환경은 열악하고 공간은 좁고 오르내리기 힘든 비탈길은 그대로일 테니.

그런데 오랜만에 가본 동피랑은 생각과는 달랐다. 마을은 예전 그대로인데 정경은 사뭇 달라 보였다. 천천히 걸으면서 숨찬 데까지만 갔다 오리라던 생각은 바뀌고 말았다. 마을 입구에 설치된 '트릭아트 포토존'에서 연인들은 추억 만들기에 바빴고, 갤러리에서는 전시회가 한창이다. 마을 뒤쪽 동문로에는 차들이 분주하게 오가고, 관광객들은 '천사의 날개' 앞에서 사진 찍기에 여념이 없다. 부모들과 여행 온 아이들은 행복해 보였고, 힘들다며 투정하는 여자 친구를 다독여주는 젊은이의 모습도 정겨웠다.

쉬엄쉬엄 이곳저곳을 다니다 보니 어느새 동포루에 다다랐다. 그곳에 서서 내려다보니 시가지가 한눈에 들어왔고, 강구 안으로 들고 나는 어선들도 보였다. 비좁고 열악했던 동피랑 마을이 이제 통영 바다를 배경으로 비로소 아름답게 보인다는 생각을 하고 있는데 순간 머리를 스치는 게 있었다. 마을이 달라진 게 아니라 내가 달라진 것이라는.

벽화로 아기자기하게 꾸몄다고는 하지만 생활의 편리함만 추구하는 현대인들에게 이곳은 불편한 환경의 삶일 뿐이다. 그런데 나이가 들고 보니 불편함보다 더 불편한 것은 자연스럽지 못한 삶이라는 깨달음이다.

 이곳은 하나둘 어깨 비빌 온기와 등 기댈 최소한의 공간을 찾아서 들어온 사람들에 의해 그야말로 자연스럽게 형성된 마을이다. 오랜 세월이 흐르면서 골목 귀퉁이 곳곳에 진솔한 이야기가 깃들고 숨 쉬는 곳이다.

 내가 살고 있는 아파트처럼 어느 날 사람들이 우르르 몰려와 살면서 서로 눈인사조차 인색한 곳과는 다르다. 오가는 동네 사람들의 인사말 속에서, 주름진 웃음 속에서 정이 흠씬 묻어난다. 서로가 가족 구성원들을 속속들이 알지 않고서는 할 수 없는 인사말이다.

 "그 집 아들내미 엊그제 취직시험 첫다쿠더마 우찌 됐노?"
 "느그 영감 뭄팍 수술했다 카더마는 좀 개안나?"
 그런 인사들은 정말 끈끈한 정을 나누면서 살아온 사람들만 할 수 있는 것이다.

 수십 년 그들이 살아온 이야기가 아름다운 벽화로 승화된 동피랑 마을. 왜 나는 예전엔 그런 것을 못 느꼈을까. 아마 젊어서 보이는 것들이 있고 나이가 들면서 보이는 것들이 있는가 보다.

 나이가 들면서 속이 더 좁아지거나 이기적이 되는 사람도 있다. 아름답게 늙자면 늘 비워내는 훈련이 필요한 것 같다.

　악기도 빈 속이 필요하고 그릇도 속이 비어 있어야 무언가를 담는다. 꽉 차 있으면 자기 자신밖에 볼 수 없고 다른 진실을 담을 수도 없다. 하나씩 덜어내고 비워내면 보이지 않던 것들이 그 빈 곳을 메우고 들어오지 않던가.

　평생을 이곳에서 나고 자랐지만 동피랑을 아름답다고 느낀 것은 오늘이 처음이다. 그리고 늦은 개안開眼이지만 그런 나 자신이 다행스럽다.

　나이가 들수록 사물을 보는 눈은 침침해지지만, 그 사물의 내면에 숨겨진 아름다움을 보는 눈은 깊어진다는 생각을 하며 그곳을 내려왔다.

우체통은 다 어디로 갔을까

몇 해 전 '세계철새축제'를 관람하기 위해 군산으로 갔다. 바람에 남실거리는 은빛 갈대를 보며 '금강철새조망대'로 향했다.

조망대 꼭대기 층에 설치된 망원경으로 철새들의 군무를 감상하고 나오는데 입구에 뭔가 비치돼 있었다. 예쁜 그림엽서였다. 뒷면에는 철새 그리기 대회에서 환경부장관상을 수상했다는 작품이 있었고, 앞면에는 앙증스런 철새 마스코트와 함께 이런 글귀가 새겨져 있었다.

첫눈, 첫사랑, 첫딸
처음 같은 설렘이 있는
소중한 추억을 전하세요

나에게, 연인에게, 아내에게, 남편에게
다짐과 고마움, 미안함
다 전하지 못한 마음들….

그 아래에 깨알 같은 글씨로 "이 편지는 시월의 마지막 날에 배달됩니다."라고 적혀 있었다. 그 글귀를 읽고서 어찌 그냥 나올 수 있겠는가.

소녀 적 감성이 되살아났다. 나는 대열에서 이탈해 나와 남편과 내게 몇 자 써서 우체통에 넣었다. 내가 나에게 쓴 첫 번째 편지였고, 남편에게는 삼십여 년 만에 쓴 편지였다.

아침나절에 철새가 물어다 놓았을까. 까맣게 잊고 지냈는데 일 년여 만에 집 우편함에서 그 엽서를 발견한 것이다.

"여보! 사랑해요."라고 쓴 엽서를 펼쳐보고 미소 지을 남편의 표정이 상상되었다. 나에게 작지만 큰 행복을 가져다준 철새.

나는 엽서를 읽으며 생각했다. 일 년에 한 번만이라도 가족들에게 편지를 써보리라. 예쁜 편지지와 봉투를 고르고 정성껏 편지를 쓴 다음 우표를 붙여 우체통에 넣는 즐거움을 맛보아야지.

그동안 나는 내 자신에게 참 무심했다는 생각이 들었다. 감수성 풍부한 학창 시절에는 반 친구끼리도 편지를 주고받았다. 러브레터는 써 본 적 없지만, 객지에 나가 있던 남편과는 하루가 멀다 하고 편지를 주고받은 적도 있었다. 그러던 내가, 편지를 써서 우체통에 넣어 본 게 언제였더라?

언젠부턴가 동네마다 장승처럼 서 있던 우체통이 하나둘 사라지더니 지금은 우체국 앞이 아니면 보기 어렵다. 그 많던 우체통이 어느 틈에 사라졌을까?

휴대전화가 등장하면서 공중전화 부스가 하나씩 사라지듯 우체통 역시 우리의 기억에서 조금씩 지워져 가고 있었다.

우체통은 1884년 우정총국이 출범하면서 설치되었다고 한다. 한창때는 전국에 5만여 개가 있었지만 이제는 절반 이상이 사라졌다는 게 아닌가.

요즘은 전자메일, 페이스북, 스마트폰을 통해 원하는 내용을 순식간에 보낼 수 있는 디지털 시대다. 눈앞에서 작성해서 보내고 눈앞에서 상대가 확인하는 시대에 살면서 우체통이 사라지는 것에 관심 가질 사람이 없는 건 당연한 일인지도 모른다.

이제 우체통은 이 시대의 전설이 되어간다. 독도와 마라도, 백령도에 우체통이 있는 게 신기하게만 보이고, 울산 '간절곶 우체통'은 해맞이 축제의 상징 조형물로 관광명소가 되었다.

통영 청마문학관에도 우체통이 설치돼 있는데, 일 년에 한 번 '청마편지 쓰기' 행사를 통해 학생과 시민들에게 편지 쓰기의 소중함을 일깨워주었다. 편지 쓰기는 축제 행사 속에나 존재하는 것 같다.

메일이나 SNS통신은 용건만 간단히 하고 끝난다. 그러다 보니 상대에 대한 깊이 있는 생각을 할 겨를이 없다. 스피디하게 쓰고 보내다 보면 말이 짧아지고, 생각도 짧아진다. 빠른 글쓰기, 짧은 문장으로 단순 정보 보내기가 습관화되다 보면 상대에 대한 배려 또한 없어지는 건 아닐까.

그 많은 우체통은 다 어디로 갔을까. 여유와 절제가 넘치던 그 인간적 우아한 품격은 어디로 사라졌을까.

바람 거칠게 몰아치던 금강 포구의 우체통을 가끔 떠올린다. 이 시대 우리들 인격에도 우체통을 지워버릴 만큼 거친 바람이 불고 있지나 않은지.

제3부

마지막 편지

크리스마스 캐럴이 들릴 때쯤, 나는 슬프고 처절한 뉴스 하나를 접했다. 샌프란시스코에 거주하는 한국계 제임스 김에 관한 기사다. 추수감사절 휴일을 이용해 자동차 여행을 떠난 제임스 김 일가족의 행방이 확인되지 않고 있다는 소식이었다. 며칠 후, 차 안에 갇힌 지 9일 만에 그의 아내와 두 딸은 극적으로 구조되었지만 도움을 청하러 떠난 제임스 김은 오리건 주 깊은 산속에서 시신으로 발견되었다.

이후 사건의 디테일한 부분들이 알려지면서 세계인들은 제임스 김에게 진심으로 애도를 표했다. 미국의 언론들은 일제히 가족을 살리기 위해 폭설을 헤치고 다니다 싸늘한 시신으로 발견된 제임스 김을 '초인이자 진정한 영웅'이라며 그의 지극한 사랑을 보도했다.

일주일 동안 폭설에 갇혀 그들은 밤에만 히터를 켰고, 심지어 차 타이어까지 태우며 구조대를 기다렸다고 한다. 기름과 식량마저 바닥나자 제임스 김은 평상복 차림으로 구조 요청을 위해 길을 나섰다고. 그 길은 급경사의 험준한 길임에도 눈을 헤쳐 가며 무려 20여 킬로미터나 걸었다. 가족을 위해 예측할 수 없는 위험한 길을 택했던 제임스 김. 초인적인 의지로 전진하다가 자신의 생이 다했다고 느끼자 겹쳐 입었던 바지를 벗어 흔적을 남겼고, 얼어붙고 마비된 손으로 구조요청 메모를 남겼다.

대개의 남자들은 원시시대 때부터 가족을 책임지는 가장으로 길들여져 왔다. 특별한 모계사회를 제외하면 예외 없이 그렇다. 한국 남자들은 가족을 부양하고 책임진다는 의식이 강하다. 조선시대 국교였던 유교는 철저한 가부장제도로 남성들의 권위 아래 여성들을 억눌렀지만 한편으로는 가족에 대한 부양의무를 혼자 지는 결과도 가져왔다. 가부장제의 권위가 여성의 지위를 남존여비 수준으로 낮춰버린 동시에 남성들에게 과도한 책임과 의무를 짊어지게 했다. 그래서 아직도 한국 남자들은 가족에 대한 부양의무를 사랑의 신의와 동일시하는 경향이 있다.

제임스 김의 가족에 대한 의지는 분명 사랑의 힘이었다. 그래서 세계인들은 일반적 이해의 선을 넘어서는 그런 한국인 아버지이자 한국인 남편으로서의 의지에 찬사를 보냈다.

서양인들은 눈에 보이는 표현을 중시하는 것 같다. 그래서 아침저녁으로 얼굴을 마주할 때마다 '사랑한다'는 말을 습관처럼 하는 것이리라. 그러나 서로의 의무와 권리를 따질 때는 한 치의 양보도 없다고 한다. 반면에 한국 남자들은 사랑한다는 표현은 인색하지만 아내와 자식을 위한 일에는 자신의 모든 것을 과감하게 내던진다. 제임스 김의 이야기는 우리에게 다시 한번 그 사실을 깨닫게 해주었다.

그런 한국 남자들이 이즈음 많이 위축되었다는 생각이 든다. 1990년대 페미니즘 운동이 활발해지면서 여성의 사회적 진출이 늘고 여성의 지위와 권리에 대한 목소리가 커지면서다. 이제는 남성과 여성이 어느 정도 권리와 의무에 대한 동등한 균형감각을 유지해 가고 있는 듯하다. 다만 한국 남자들의 당찬 패기가 사라진 것 같아 씁쓰레하다.

김정현의 소설 『아버지』와, 조창인의 소설 『가시고기』가 나왔을 때 나는 밤새워 그 책을 읽었다. 비록 통속적인 내용이긴 하지만, 그것은 이 땅에서 점점 작아지는 아버지와 '가장'이라는 짐을 홀로 지고 가는 한국 남자들의 사랑과 아픔에 공감했다.

제임스 김이 가족에게 남긴 사랑과 실천의 의지는 더 말할 것도 없다. 그 가족들은 영원히 남편과 아빠의 사랑을 가슴에 새기며 살 것이다. 이 이야기를 전해 듣는 사람들 또한 다시 한번 한국 남자들의 묵직한 사랑과 혼자 침묵으로 극복하는 슬픔에 대해 생각해 볼 것이다.

나는, 제임스 김이 이승에서 쓴 마지막 편지를 떠올려 보았다. 이제 곧 죽음이 찾아오고 사랑하는 가족들에게 스스로가 구원되지 못한다는 것을 깨달았을 때 그는 무슨 생각을 했을까? 점점 가물가물해져 가는 의식 속에서 가족의 구원을 요청하는 글을 쓰며 그는 어떤 생각을 했을까? 아마도 두려움과 슬픔으로 가득 찼을 것이다. 자신의 죽음이 두려운 것이 아니라, 자신이 더는 가족에게 구원되지 못한다는 절망에서 오는 두려움과 슬픔 때문이다.

그의 순애보적인 사랑에 하늘도 감동했는지 가족들은 무사히 구조되었다. 삶의 마지막 순간까지 가족에 대한 걱정을 놓지 못했던 제임스 김. 나는 그가 남긴 마지막 구절을 쉽게 잊을 수가 없다.

'아내와 어린 두 딸이 차에 갇혀 있으니 구조대를 보내 주시오!'

고양이는 썰매를 끌지 않는다

두 달 전쯤이다. 마당을 가로질러 낯선 고양이 한 마리가 건너다니는 게 눈에 띄었다. 그냥 지나치는 놈이라면 한두 번 보이다가 말았을 텐데 몇 번이나 계속되기에 이상하다 싶어 녀석의 뒤를 밟았다. 그런데 뒷마당 창고 안으로 들어가는 게 아닌가. 자세히 보니 배 아래쪽이 불룩한 게 새끼를 밴 것이 분명했다. 녀석은 우리 허락도 받지 않고 산실을 마련한 것이다.

길고양이라고는 하지만 엄연히 내 집의 손님이다. 더구나 배 안에 새끼를 갖고 있지 않은가. 나는 그림자처럼 숨어 들어온 고양이에게, 우리 집 누렁이와 똑같이 먹이를 챙겨 주었다. 처음 내가 음식을 가지고 다가갔을 땐 경계하던 녀석이 사흘이 지나자 당연한 듯이 먹을 것 앞으로 다가왔다.

밤낮으로 쥐를 잡거나 쓰레기통을 뒤졌을 게 뻔한 녀석이 하루아침에 신데렐라가 된 것이다. 먹이를 찾느라 이곳저곳을 기웃거리던 것도 잊고 편히 누운 채 가끔씩 졸기도 하면서 먹이를 주는 대로 넙죽넙죽 받아먹었다. 어디 그뿐인가. 밥 주는 시간이 늦어지기라도 하면 현관 앞까지 나와서 재촉하는 걸 보면 정말 가관이었다. 잽싼 걸음걸이는 둔해졌고 때로는 아부하는 몸짓도 마다하지 않았다. 눈빛에선 적의와 긴장이 사라져 갔다. 아주 빠르게 집고양이로 적응해 가는 듯했고, 우리 가족의 고양이에 대한 애정도 깊어 갔다.

얼마 지나 고양이는 새끼 다섯 마리를 낳았다. 고물거리며 어미 젖을 파고드는 새끼는 너무 귀여웠다. 나의 오랜 집지기인 누렁이에게는 한 번도 줘 본 적이 없는 돼지 살코기에 따뜻한 우유까지 챙겨 주었다.

어느 날 오후였다. 어미 고양이가 쥐 한 마리를 생포해 놓고 놀리고 있었다. 생쥐가 움직이는 기척만 보이면 어미는 위협을 하였고 새끼들도 소리를 내며 겁주는 시늉을 하곤 했다. 나는 처음에 그 장면을 재미있게 보았는데 시간이 흐르자 화가 치밀었다. 새끼에게 야생에서 살아가는 방법을 가르치고 있는 게 아닌가.

지금껏 정성껏 돌봐 주었건만 이제 떠날 준비를 한다고 생각하니 괘씸한 생각이 들었다. 내 집에서 보살핌을 받으며 편안하게 지낼 수 있건만 그것을 마다하다니! 게다가 대놓고 나를 주인으로 인정하는 걸 거부했다. 먹이를 가져다주면 숨기에 바쁘고 어쩌다 눈이라도 마주치면 '쉭!' 공격적인 소리까지 냈다. 나는 마음을 비우기로 했다. 결코 야성을 버리지 않는다는 고양이를 길들이기보다는 이해하려는 쪽으로 생각을 바꾸게 되었다.

이집트의 기록에 의하면 고양이는 약 4,500년 전부터 인간과 함께 살기 시작했다. 중국에서는 당대부터 궁중에서 애완용으로 길러졌으며, 우리나라는 불교가 전래될 때 경전을 쥐로부터 보호하기 위하여 들여왔다는 설이 있다. 개와 함께 인간의 오랜 친구인 고양이는 개와는 달리 야성의 본능으로 살아간다.

서양 민담에 "고양이는 개보다 똑똑하다. 어느 누구도 고양이 여덟 마리를 묶어서 썰매를 끌게 할 수는 없다."라고 했다. 개는 조금만 길들이면 주인에게 충성을 다한다. 단체의 위계질서를 세워 무리 생활도 잘한다. 그러나 고양이는 누구에게도 충성하지 않는다. 오로지 이기적 의지에 따라 행동할 뿐이다. 무리를 짓지도 않는다. 놀 때나 싸울 때 혹은 쥐를 잡을 때에도 관찰하면 공격적이고 이기적이기는 하나 창의적이다.

그래서일까? 고양이는 이 시대 문화의 또 다른 키워드로 표현되기도 한다. 책은 물론 연극, 영화의 다양한 문화 장르에서 고양이는 오늘의 세대를 이해하는 중요한 모티브가 된다. 뮤지컬 〈캣츠〉가 지구촌을 휩쓴 일이 있었다. 만화 영화 〈톰과 제리〉는 강력한 문화 캐릭터 중의 하나다. 「고양이의, 고양이에 의한, 고양이를 위한」 소설은 서술 방식이 사뭇 독창적이라 상식이 파괴되거나 무시되는 점이 고양이와 닮았다는 생각마저 든다.

21세기의 특성은 무한자유와 독창성에 모아진다. 이것이 바로 고양이의 특성이다. 이 시대의 젊은이들은 타성에 젖은 굴레를 싫어하고 제약이 많은 질서를 싫어한다. 간섭하기도 간섭받기도 싫어 자유만을 갈망한다. 얼핏 보면 무질서하고 위험해 보이지만, 그 속에 이 시대를 이끌어 가는 에너지와 질서가 숨 쉬고 있다. 이것은 기성세대가 잃어버렸던 생존의 또 다른 화두가 아니겠는가. 20세기가 썰매 끄는 개처럼 질서와 협동 그리고 순종을 강요한 시대였다면, 21세기는 고양이처럼 자유와 개성이 존중되는 시대라고나 할까.

내 집에 머물던 고양이는 새끼들이 독립할 만큼 자라자 훌쩍 떠났다. 떠돌이 생활이 거칠고 힘들겠지만 그 무엇보다도 소중한 자유를 찾아 떠난 것이다. 녀석은 굴종하는 편한 삶을 버리고 외롭고 거친 자유를 택한 것이다.

이 시대의 젊은이들은 기성세대가 만든 질서와 울타리를 싫어한다. 우리가 걱정스런 몸짓으로 그들을 가두려 하면 해일처럼 더 높은 반항의 몸짓을 보인다. 21세기는 어차피 그들의 것이다. 그들이 만들어 가는 새로운 질서에 동참하거나 지켜보는 것이 우리들의 몫일 터. 더 이상 고양이의 야성을 탓하지 말자. 지금까지도 고양이는 잘 살아오지 않았는가.

염낭거미

하늘을 보던 내 눈은 허공의 한 점에서 머물고 말았다. 태양에 반짝 반사되어 천천히 바람을 타고 날고 있는 그것이 내 시선 위를 스쳐 갈 때 비로소 거미라는 것을 알았다. 순간 거미는 징그러운 존재라는 고정관념이 사라지고 참 아름답고 자유롭다는 생각마저 들었다. 거미는 은빛 실을 길게 뿜어 내놓고 바람을 타고 이동한다고 한다. 바람에 저렇듯 훌훌 날아가는 거미의 삶, 그 뒤에 숨은 이야기는 가슴 저리기까지 하다.

거미는 모성이 강한 것으로 알려져 있다. 우리나라에 서식하는 염낭거미만 보더라도 암컷은 번식기가 되면 나뭇잎을 말아 작은 주머니 모양의 둥지를 만들고 그 속에 들어간다고 한다. 천적으로부터 새끼를 보호하기 위해 외부와 완전히 밀폐된 공간에서 알을 낳는다. 어미는 새끼가 부화하고 나면 기꺼이 자신의 몸을 내어준다. 그 희생적 사랑은 어미만이 베풀 수 있는 위대함이다. 어미의 몸을 먹고 독립할 정도로 자란 새끼들은 둥지를 뚫고 나와 바람 따라 제 길을 찾아 흩어져 간다.

생각해 보면 인간이라고 다를 바 없다. 요즘 시골에는 노인네들이 대부분이다. 대청마루에 멀거니 앉아 앙상한 몸으로 담 너머를 바라보는 무표정한 노인들. 도시로 유학 간 자식들 등록금을 마련하려고 새벽 일찍 일어나 쇠죽 쑤고 논밭에 나가 뙤약볕에 허리가 휘어지도록 평생을 살았건만 남은 것은 가랑잎처럼 마른 육신뿐이다.

도시의 풍경도 마찬가지다. 자식이 잘될 수만 있다면 부모는 무엇이든 마다치 않는다. 살 만한 집에서는 학교로 학원으로 새벽부터 밤까지 아이들을 태워 나르나 형편이 어려운 집은 자식들 학원비 마련하느라 파출부로 청소부로 부업 전선에 날밤을 새우는 어머니들을 볼 수 있잖은가.

염낭거미는 우리 어머니들의 자화상일지도 모른다. 끝을 알 수 없는 사랑과 희생으로 자식을 감싸 안고, 설사 섭섭한 마음이 있더라도 탓하지 않는 모성. 마지막에는 그들의 행복을 자신의 행복으로 치환하며 조용히 사라져 가는 모습은 끔찍이도 염낭거미를 닮았다는 생각이 든다.

눈앞을 스쳐 간 그 거미도, 어딘가에 둥지를 틀고 계절이 바뀌면 짝을 만나 알을 낳고 그 알이 부화하면 제 어미가 그랬던 것처럼 제 몸을 새끼에게 주고, 하늘 저편으로 사라질 것이다. 오늘 내가 본 반사광은 염낭거미의 영혼이었을까. 아니면 한 줌의 미련 없이 당신의 육신을 주고, 애증도 욕망도 버리고 피안彼岸의 저편으로 간 내 어머니의 영혼이었을까. 오늘따라 새삼 어머니가 그립다.

제3부

한국의 쉰들러 리스트

얼마 전 티브이에서 한국판 쉰들러의 소식을 접했다. '쉰들러'란 이름을 듣는 순간 오래전에 보았던 영화 '쉰들러 리스트Schindler's List'가 떠올랐다. 실존인물인 '오스카 쉰들러'의 휴머니즘에 감동받아 몇 번을 보았던 터라 영화 속의 화면이 자연스럽게 눈앞에 떠오른 것이다.

2차 세계대전 당시 독일군이 점령한 폴란드의 어느 마을. 전쟁을 틈타 한 밑천 잡으려는 야심 찬 독일인 쉰들러는 유태인이 경영하는 그릇 공장을 인수한다. 인건비를 착취하여 돈을 벌겠다던 그는 언제부턴가 유태인 학살에 대한 양심의 소리를 듣게 된다. 노동 인력으로 부적합 판정을 받게 되면 수용소로 끌려가 가스실에서 처참한 죽음을 당한다는 것을 알게 됐다. 그는 아이들은 나이를 올리고 노인들은 나이를 줄여서 명단을 작성하는 방법으로 1천여 명의 유태인들 목숨을 구했다.

　한국전쟁 발발 직후 보도연맹원保導聯盟員 학살 사건 때도 그와 비슷한 일이 있었다 한다. 전국적으로 20만 명에 이르는 사람들이 총에 맞아죽거나, 산 채로 수장되고 생매장을 당했는데 김해의 한림면에만 희생자가 거의 없었다. 그 배경에는 한국판 '쉰들러'가 있었다.

　1950년 8월 김해 한림지서에서도 보도연맹원 100여 명을 구금하긴 했었다. 그런데 다른 지역의 보도연맹원들은 구금되었다가 대부분 학살되었지만 한림면에선 특무대로 연행됐던 4명만 희생되었다. 면장 최대성 씨가 경찰을 설득하여 창고에 구금된 젊은 사람들을 대한청년단에 가입시키는 조건으로 석방하고, 나이 든 사람들은 창고 뒷구멍으로 탈출시켰다. 일백여 명의 목숨을 구한 그는, 진정 한국의 쉰들러이다. 언젠가 거제에서 '보도연맹 희생자 유족모임'이 있다기에 남편과 같이 갔다. 노인 삼백여 명이 모여 울분을 터뜨리며 계셨다. 저마다 억울하고 피맺힌 사연들이다. 그때 거제 계룡산에는 빨치산들이 있었다 한다. 밤에는 그들이 내려와서 총부리 겨누며 부상병들의 치료를 요구했고, 곡식을 약탈해 가곤 했다. 낮에는 국군이 와서 그들을 도왔다며 총부릴 겨누었다. 곡식을 주거나 짐을 날라 주거나 치료를 해주었다는 이유로 보도연맹원으로 낙인찍혀 비명횡사한 사연을 들으며 모두 통곡했다. 시댁에도 희생자가 있다. 갓 스물이던 시아주버니 역시 자신과 전혀 무관한 보도연맹으로 희생되었다.

보도연맹 희생자 유족들은 사상범의 가족이라는 이유로 숨소리도 제대로 내지 못하고 살았다. 심지어 빨갱이 가족이라는 것 때문에 공무원 취직은 엄두도 못 내는 등 피해가 한두 가지가 아니었다. 시아주버니도 십 년이 지난 후에야 병사로 사망신고를 했다. 그러던 것이 이제는 억울함을 풀게 되었으니 그나마 다행이다.

돌이켜 보면 우리의 역사는 수많은 외세의 침략 외에도 동족상잔의 비극까지 더해 상처로 얼룩져 있다. 전쟁으로 입은 상처는 말할 것도 없지만 전쟁과 무관한 이데올로기의 틈바구니에 끼어 고통을 겪은 민초 또한 얼마나 많은가. 그 상처는 아직도 끝나지 않은 진행형이다.

우리는 지금 전쟁이 아니라도 전쟁 같은 전투를 치르며 하루하루를 살아간다. 힘없고 가진 게 없는 사람들은 자신의 의지와는 무관하게 상처받는 경우가 허다하다. 현 사회는 양심의 소리를 듣고 그것을 실천하는 쉰들러가 절실한 때이다. 강자의 횡포에 맞서서 약자를 보호하고 정의를 실천하기 위해서라면 자신의 희생도 마다하지 않는 쉰들러 같은 사람이 그리운 시대를 살고 있다.

국화 한 아름 안고 장승포항長承浦港 앞에 있는 지심도只心島를 찾았다. 아름드리 동백 숲을 지나고 상록수림을 지나 전망대에 올랐다. 섬은 민족상잔의 아픔일랑은 까맣게 잊은 듯 쪽빛 바다에 유람선을 띄우고 여행객을 맞이한다. 나는 국화 송이를 바다에 뿌리며 이곳 바다에 굴비 엮듯 엮인 채로 시아주버니와 함께 수장된 영령英靈들의 명복을 빌었다.

이제 편히 눈 감으소서! 이승에서의 한恨 모두 풀고 영면하소서! 동백은 핏빛 꽃망울을 터뜨리고, 새들은 지절거리며 그날의 아픔을 위로해 주는 듯했다. 국화를 마저 바다에 던지고 걸음을 옮겼다. 만일 거제 동림東林에도 쉰들러 같은 분이 계셨다면 큰아주버니는 사셨을 터인데. 그러면 새색시였던 동서는 재혼하지 않아도 됐을 테고, 시부모님께서는 화병으로 돌아가시지 않았을 텐데….

한국판 쉰들러의 이야기를 접해서인지 세상은 참 부질없다는 생각을 하며 섬을 떠났다.

집단 따돌림에 대하여

 지난해 가수 '타블로'의 학력 문제로 시작된 공방이 사회적 분쟁거리가 되는 것을 지켜보면서 마음이 착잡했다. 인터넷 누리꾼들에 의해 근거 없는 의혹만으로 시작된 한 연예인의 인격과 명예가 순간에 침몰하는 것도 문제지만 우리 사회의 마음 씀씀이가 더 문제라는 생각이 들어서다.
 언젠가부터 학교 안에서 은밀히 자행되던 집단 따돌림이 인터넷이라는 익명의 수단에 의해 사회로 뛰쳐나오고 있다. 일부 악성 네티즌들이 익명 뒤에 숨어서 테러처럼 자행하는 언어폭력은 심각한 수준이다.
 나 역시 인터넷을 사용하고 카페에서 사람들과 대화를 나눈다. 그런데 카페로 불쑥 들어와 자신의 신분을 밝히지 않은 채 적대성 글을 올리거나 인신 공격하는 사람들을 보면 마음이 편치 않다. 그들이 사용하는 글과 말이 정상에서 벗어나 있기 때문이다.

　타블로 사태는 집단사회의 구조적 모순이나 개인의 비틀어진 정서상의 문제로 볼 수 있다고 한다. 당시 근거 없는 의혹을 제기한 사람들은 방송이나 언론사 그리고 해당 학교와 수사기관에서 사실이라고 발표를 해도 믿지 않았다. 믿지 않는 게 아니라 믿고 싶지 않은 것이다. 누군가를 표적으로 삼고 속 시원히 해방구의 대상으로 조롱하던 대상이 그리 쉽게 사라지는 것을 원하지 않았던 것이다.

　집단 따돌림은 극단적인 경우 자살의 원인이 될 정도로, 심리적으로 육체적으로 큰 피해를 입힌다. 우리는 가끔 뉴스를 통해 왕따를 견디지 못해 극단적인 선택을 했다는 뉴스를 접하지 않는가.

　사회적 분노를 품거나 소외된 개인들이 인터넷상에서 분노를 마음껏 표출하는 짜릿함은 마약과도 같은가. 건달 영화에서는 강자가 약자를 주먹으로 지배하며 환희를 느낀다. 인터넷은 현실의 나를 잊고 마음껏 감정을 표출할 수 있게 해주는 무한의 탈출구가 되어 준다. 또 카페나 블로그를 통해 싫어하는 대상을 함께 공격하다 보면 그 희열은 배가되어 재미있는 게임을 하듯 정해진 대상을 공격하게 된다.

　세계 여러 나라들도 인터넷상의 악플이 사회적 문제인가 보다. 선진국에서는 사이트 관리자가 네티즌들의 댓글을 사전 검열까지 하며 실명제를 의무화하고 있다. 또 인터넷 명예훼손을 무겁게 처벌하고 있으며 '안심 인터넷 만들기 프로그램'도 만들 방침이라고 하니 우리도 귀 기울여야 할 것 같다.

현 사회는 보이지 않는 정신보다 보이는 물질문명에 집중하는 자기중심주의 사회다. 요즘 부모들은 사회적 조건상 '착하다고 좋은 거 아니다, 네 것 먼저 챙겨라, 내가 앞서기 위해서는 남을 이겨야 한다.'는 등 경쟁사회에서 살아남는 방법을 교육시키고 있다. 이러한 사회 정서적 카테고리가 계속 돌고 돈다면 언젠가는 나와 내 가족과 내 이웃이 사회 속의 왕따가 될 수도 있을 터이다.

집단 따돌림을 소수의 힘으로 막을 수는 없겠지만, 사회 정화 차원에서 강력한 분위기가 조성되었으면 싶다. 누군가를 공격하는 카페보다 칭찬해주는 카페가 더 활성화되었으면 좋겠다. 우리도 선진국처럼 인터넷 명예훼손에 대하여 강력하게 대처해 나간다면, 인터넷을 통한 집단 따돌림 현상이 사라지지 않겠는가.

생각을 겨냥한 총

독일의 철혈재상이라고 일컫던 비스마르크가 어느 날 친구와 함께 사냥을 가게 되었다. 그런데 친구가 발을 헛디뎌 그만 늪에 빠지고 말았다. 친구는 빠져나오려 노력하지 않고 손을 내밀며 살려달라는 소리만 지르고 있었다. 이미 목까지 빠져버린 그는 살아야겠다는 의지를 상실한 채 오로지 구조해주기만을 바라고 있었던 것이다. 잠시 생각하던 비스마르크는 갑자기 총을 들어 친구의 머리를 겨누었다. 그리고 말했다.

"자네를 건지려고 내 손을 내밀었다가는 나까지 빠져 죽을 걸세. 그렇다고 그냥 두면 고통만 당하다 죽을 텐데 이는 친구의 도리가 아니니 내가 자네 머리에 총을 쏘아 고통을 덜어주겠네. 부디 저승에 가서도 내 우정을 잊지 말게나."

비스마르크가 실탄을 넣고 방아쇠를 당기려는 시늉을 하자 깜

짝 놀란 친구는 필사적으로 허우적거렸고, 다행히 늪 가장자리까지 나올 수 있었다. 그제야 비스마르크는 손을 내밀어 그를 끌어올렸다. 항의하는 친구에게 "내 총이 겨냥한 것은 자네의 머리가 아니라 자네의 생각이었네."

살아가면서 누구나 한두 번은 수렁에 빠지기도 한다. 나 역시 어려운 상황을 여러 번 겪었다. 그런데 지난해에는 정말 깊은 수렁에 빠지고 말았다.

가족과 함께 운영하던 사업체에 문제가 생긴 것이다. 크지는 않았지만 거기엔 우리 가족의 생계는 물론, 손자들 미래의 꿈이 걸려 있었다.

가진 것을 모두 잃게 되었다는 두려움이 엄습했다. 그러나 시간이 흐르면서 재산상의 손실은 아무것도 아니라는 것을 깨달았다. 사업체가 넘어가고 집이 넘어갈 때만 해도 앞으로 어떻게 살 것인가가 당장의 두려움이었지만 현실적으로 그 후가 더 문제였다.

채권자들이 몰려오는가 싶더니 어느 날인가는 집 앞에 장송곡을 틀었다. 그제야 깨달았다. 잃은 것은 재산뿐만 아니라 나와 관계된 모든 것, 가까운 인연과 수십 년간의 추억마저도 몽땅 잃어버리게 되었다는 것을.

채권자를 만나게 될까 두려웠고 심지어는 위로해 주는 사람들도 만나는 게 겁이 났다. 내 스스로 감옥 아닌 감옥에 두어 달 갇혀 지내다가 초주검 상태로 집을 떠났다. 경기도에 있는 딸 집에 봇짐을 풀어놓고 다락방에 몸을 눕히니 비로소 숨이 내쉬어졌다.

빈손으로 할 수 있는 게 아무것도 없었다. 나는 문학마저 버려야 했다. 가진 모든 것을 잃고 이웃과 친구를 잃고 추억마저 잃은 터에 내 삶의 등불 같던 문학마저 잃는다는 건 내게 죽음이나 다름없었다.

전화번호도 바꾸고 6개월 가까이 칩거했다. 희망을 완전히 상실해 버린 그 상태가 얼마나 더 오래 계속될지 알 수 없는 상황에서 뒤늦게 소식을 들은 문우들로부터 메일이 오기 시작했다. 한동안은 남편과 함께 당신 집에 와서 기거하라며 가슴 찡한 초대까지 해주었다.

그러던 어느 날 동료·선배로부터 "지금 당장 할 수 있는 것부터 다시 시작하라! 당신보다 어려운 사람이 얼마나 많은데…"라는 따가운 질책을 받고서 정신이 번쩍 들었다.

그랬다. 가진 것을 잃었지만 아무도 내게 문학마저 손 놓으라고 하지 않았다. 문학은 내게 마지막 남은 보루이며 정신적 자산인 것을.

마음을 추스르고 용기를 내어 문단에 얼굴을 내밀었다. 적어도 이곳에서만은 예전과 달라진 게 없었다. 달라졌다고 생각한 것은 순전히 내 판단착오였다.

　이후 활력을 찾으면서 일도 조금씩 풀려갔다. 고향에 남아서 재기를 위해 동분서주하던 남편은 다시 일을 시작했다. 나도 집으로 돌아왔다. 모든 것이 예전 같지는 않지만 적어도 늪에서 빠져나온 것은 분명했다.

　머리가 아니라, 생각을 겨냥했던 비스마르크는 얼마나 지혜로운 사람인가. 절망하는 사람은 자신에게 주어진 그 현실이 가장 최악의 늪이라고 생각한다. 그러나 그보다 더 깊은 늪에 빠지는 사람도 있다. 힘들 때 자신에게 닥친 어려움보다 더 큰 어려움을 겪는 사람을 생각해 본다면 그것이 바로 비스마르크의 총은 아닐는지.

6번이 갔다

떠도는 유머 중에 '3번아 잘 있거라, 6번은 간다.'가 있다. 말이 유머이지 그저 웃어넘기기엔 가슴 아픈 이야기다.

시골에 한 부부가 있었다. 아들 잘 키워 서울의 대학에 보내고 결혼까지 시켰다. 애교 많은 며늘애는 부모님 극진히 모실 테니 시골에서 고생하지 말고 서울로 옮겨오시라며 틈만 나면 보챘다. 시골에 사는 게 좋다고 고향을 떠날 수 없다던 아버지는 아내가 세상을 뜨자 아들 내외의 뜻을 따랐다. 전답을 모두 팔아 아들네 집을 큰 아파트로 바꿔주고 거기 얹혀살기로 했다. 며느리의 태도는 입가入家 첫날부터 달라졌다.

아버지는 숫자로 가족 구성원의 지위가 정해져 있다는 것까지 알게 됐다. 1번은 손자, 2번은 며느리, 3번은 아들, 4번은 강아지, 5번은 가사도우미, 그리고 6번이 자신이었다. 결국 자신은 강아

제3부

지 보다 못한 신세임을 알아챘다.

휴일 아침, 자고 일어나니 집 안에는 노인밖에 없었다. 주방으로 가니 메모가 있었다.

"아버님, 저희들 나들이 갑니다. 식탁 위에 특별히 아버님이 좋아하는 김밥 있으니 잡수시고 집 잘 봐주세요."

식탁보를 들춰보니 김밥꽁지만 수북했다. 평소 김밥 꽁지 좋아한다는 말은 했지만, 그날따라 김밥꽁지가 그리 불편할 수가 없었다. 아버지는 말없이 보따리를 쌌다.

아들 내외가 집에 와 보니 식탁 위에 메모 한 장만 달랑 있었다. 펼쳐보니 "3번아 잘 있어라, 6번은 간다." 아버지는 아들에게 마지막 메모를 남기고 귀향 버스에 올랐다.

위의 아버지는 6·25전쟁 전후로 태어난 베이비부머로 우리 아버지의 자화상이기도 하다. 이 세대는 유교 사상을 바탕으로 한 가부장적 가족구조에서 자라온 사람이자 마지막 세대이다.

나와 같은 시대를 살아온 이들은 자신들의 부모가 그랬듯이 부모를 봉양해야 한다는 원죄적인 책임감을 가지고 있다. 그러나 정작 자신들은 자식을 슬하에서 모두 떠나보내야 하는 핵가족시대에 노후를 맞고 있다. 자신 부모는 극진히 섬기고 자식을 지극정성으로 키우지만, 스스로는 노후를 홀로 보내야 한다.

한국의 마지막 유교적 시대를 살아온 부모들은 정작 그것을 받아들일 준비가 되어있지 않다. 서양에서는 만 18세가 되면 어릴 때부터 정신적으로 독립하도록 훈련시키며, 부모들도 그 이후의 삶을 미리 준비한다. 자식이 고교를 졸업하면 대학은 자신의 힘으로 다니거나 아니면 직장을 갖고 일찌감치 독립한다.

그러나 우리 시대의 부모들은 자신들의 가난한 부모로부터 받은 것 없이 극빈국가의 경제성장을 이루었고 그 과실을 아낌없이 자식들에게 베풀었다. 빚을 내서 대학에 보내는 것은 물론, 결혼하면 혼례비용에 살아갈 집까지 장만하려 기를 쓴다. 자녀 결혼시키고 빈털터리가 되거나 빚까지 짊어지는 쪽도 부모들이다. 그 이면에는 부모가 베푼 것에 대한 보상이 있으려니 하는 마음도 있는 것이다.

주희朱熹는 사람이 살아가면서 후회할 일을 만들지 말라는 뜻으로 주자십회朱子十悔를 열거했고 그 첫 번째가 '불효부모사후회不孝父母死後悔'다. 익히 알듯 부모에게 효도하지 않으면 돌아가신 뒤 뉘우친다는 뜻이다.

이제 한국 사회도 학자들의 말처럼 부모·자식 간의 관계를 다시 정리해 볼 시기가 된 것 같다. 사랑하는 가족으로서의 관계는 유지하되 부모와 자식은 각자의 삶이 따로 있다는 것을 인지해야만 근심을 덜 수 있다. 서로에게 기대거나 요구하려는 과도한 기대심리도 사라져 오히려 부모의 노후에도 건강한 가족관계를 유지할 수 있을 것이다.

블랙유머 속에 등장하는 며느리는 자신의 현실적 욕구만 생각했을 뿐, 똑같은 방식으로 자신 또한 자녀로부터 5번이나 6번이 된다는 생각은 전혀 하고 있지 않다. 옛날 고려장에 사용했던 지게를 지고 와 그것을 버리려 했을 때, 나중에 나도 사용해야 하니 잘 보관하라는 자식의 말에 그길로 달려가 어머니를 모셔왔다는 일화가 있다. 많은 것을 시사해준다.

요즘 젊은이들은 그들 부모가 했던 것처럼 무모하게 자녀에게 쏟아붓고 자신의 노후를 망치는 짓 따위는 하지 않으리라. 그런데도 우리 세대는 아직도 어리석은 생각을 하고 있다.

'그래, 우리 희생을 끝으로 너희가 행복하게 살면 그것으로 충분하지 않은가?'

오늘도 '6번'은 체념의 슬픈 짐을 행복이려니 여기며 휘어진 허리로 비탈길을 힘겹게 힘겹게 오르고 있다.

말과 말씀

얼마 전 한 병원에서 있었던 일이다. 간호사가 30대쯤으로 보이는 여인에게 이름을 물었다. 젊은 여인은 "네, ○ 자 ○ 자 ○ 자입니다."라며 힘주어 대답을 하였다.

자기 이름자를 또박또박 말하는 여인을 보며 나는 당황스러웠다. 주변의 몇몇 사람들은 아무렇지도 않은 듯 무심해 보였고, 몇 사람은 눈살을 찌푸렸다. 말을 잘못 사용한다는 것이 얼마나 민망한 상황을 만들 수 있는지를 확인하는 순간이었다. 그녀의 잘못된 말 씀씀이를 보며 새삼 언어의 예절이 얼마나 중요한가를 절감하였다.

'말은 인격이다'라는 말처럼 사람의 말 씀씀이에 따라 그 사람의 인격을 알 수 있다. 잘못된 말을 아무렇지도 않게 사용하면 그 사람의 인격이 의심스러워 보인다. 말이 거칠거나 욕설을 습관적으로 섞어 쓰는 사람의 인격은 말할 것도 없다. 요즘은 잘 사용하지 않지만, '본 데 없는 놈'이라는 말이 있다. '본 데 없는' 뒤에는 반드시 '놈'이라는 상대 낮춤말이 붙는다.

옛날에는 가정이나 서당에서 예법을 가르쳤다. 개인의 말투나 행동은 가르치지 않아도, 어른들의 말투나 행동, 몸가짐을 어깨 너머로 자연스레 보고 배웠다. 아이들의 말과 행동을 보면 그 집의 가풍을 알 수 있다.

우리는 상대의 배경을 몰라도 말 씀씀이를 보며 그 사람의 하는 일과 배경을 어림잡아 짐작하기도 한다. 병원에서 보았던 여인이 자기 이름자를 높여 말하면 스스로는 지적知的인 것처럼 보인다고 생각할지 몰라도, 다른 사람이 보기엔 보고 배운 데가 부족하다는 생각이 드는 것을 어쩌랴.

갈수록 말의 씀씀이가 혼탁해지는 요즘 언어문화를 보면 기가 막힌다. 아름다운 우리 높임말이 얼마나 처참하게 망가지고 있는가.

고속버스를 타고 가다가 휴게소에서 커피를 주문한 적이 있다. "카페라떼는 삼천오백 원 되시구요, 시럽은 그 옆에 있으십니다."라는 말을 들으면 귀가 의심될 지경이다. 거기에 더해 "화장실은 오른쪽으로 죽 가면 있으십니다."까지 오면 할 말을 잃게 된다. 그런데 그런 말을 듣고도 지적하는 이 하나 없다.

특히 '계산은 얼마 되시겠습니다'처럼 백화점이나 레스토랑의 훈련받은 직원의 말 씀씀이는 돈에 대해서는 더욱 깍듯하다. 마치 사람보다는 지갑에만 관심 있다고 말하는 듯하여 씁쓸하다.

'말'과 '말씀'의 차이는 분명하다. 입에서 나온 언어는 그게 어떤 것이든 '말'의 범주에 포함된다. 심지어 욕도 '말'이다. 그러나 욕은 결코 '말씀'은 아니다. 과잉존대나 잘못된 말 씀씀이도 '말'이기는 하지만 절대 '말씀'은 아닌 것이다.

상대나 윗사람에게 하는 '말'을 '말씀'이라고 한다. 윗사람이나 예를 갖추어야 될 상대와 '말'을 할 때는 조심스럽게 하게 된다. 예가 잘 갖추어졌을 때 상대는 나의 인격을 존중하게 되고, 반대로 예를 제대로 갖추지 못하면 나의 인격은 의심받게 되는 것이다.

요즈음은 영어를 잘하는 것이 필사의 교육 지침이 된 지 오래다. 조기교육으로 외국에 나가기도 하는데 영어를 잘하기 위해서라고 한다. 우리말도 제대로 못하면서 영어는 거액을 들여서라도 배우려 한다는 것이 아이러니다. 어느 프리랜서가, "우리말은 할 줄만 알면 되고, 영어는 '잘해야' 하는 것이 현실"이라고 자조적인 지적을 했는데, 공감이 가는 '말씀'이다.

말이 무너지면 인격이 무너지고, 인격이 무너지면 사람들 간의 관계가 무너진다. 사람들과의 관계가 무너지면 사회공동체의 격도 떨어질 수밖에 없다. 불안하고 거친 사회가 되는 것이다. 윗사람과 상대를 존중하면서 내 인격을 존중받는 우리말의 존대어가 잘 다듬어질 수 있도록 가정과 교육기관에서 좀 더 깊이 있는 논의가 진행되었으면 좋겠다.

창밖으로 눈발이 날린다. 정말 오랜만에 내리는 눈을 보니 이럴 때는 나도 과잉 존대의 유혹을 느낀다.

"창밖에 눈이 오신다!"

행복한 감정에 의해 왜곡된 이런 표현이 오늘만큼은 쓰고 싶어진다.

이 또한 지나가리라

유대인의 경전 《미드라쉬》에 나오는 '다윗 반지'가 가슴 깊이 와닿은 건 최근에 큰 고통을 겪고 나서다.

다윗 왕은 어느 날, 궁중의 세공장을 불러 반지를 만들라고 지시했다.

"내가 승리를 거둬 기쁨을 억제하지 못할 때 자제할 수 있고, 큰 절망에 빠졌을 때 좌절하지 않고 용기를 얻을 수 있는 글귀를 반지에 새기도록 하라."

왕명을 받은 세공장은 며칠을 고민하다가 다윗의 아들 솔로몬에게 지혜를 구했다. 솔로몬 왕자는 고뇌 끝에 말했다.

"이렇게 적어라. '이 또한 지나가리라Soon it shall also come to pass.' 왕이 승리에 도취한 순간 그 글귀를 보면 자만심이 가라앉을 것이고, 절망 중에 그 글을 보면 다시 자신감을 얻어 마음의

평정을 유지하게 될 것이다."

 나는 장녀로 태어났다. 아래로 남동생 넷에 여동생이 하나 있었다. 그런데 이제 남은 동생은 남동생 하나에 여동생이 하나다. 20여 년 전, 5년 전, 그리고 얼마 전에 동생을 하나하나 떠나보냈다. 이들 모두가 전혀 예상치 못한 이별이었기에 작별 인사를 나누지도 못했다.
 남동생의 비보를 전해들었을 때 하늘이 그리도 원망스러울 수가 없었다. 저주를 받았다는 생각마저 들었다.
 "열심히 살려는 사람을 데려가시다니요? 제가 전생에 무슨 죄가 많아서 한 번도 두 번도 아닌 세 번씩이나 겪게 하십니까?"
 자조적인 탄식이 불화산처럼 터져 나왔다.
 나는 참으로 못난 누나였다. 동생들에게 애틋한 정 한번 주지 못했다. 일찍 결혼하여 바닥부터 시작하다 보니 친정에 신경 쓸 여력이 없었다. 그러나 정을 줄 여유가 없었을 뿐 정을 나누고 싶은 마음까지 없었던 건 아니다. 조금 더 나아지면, 조금 더 삶의 무게가 가벼워지면…, 하다 보니 훌쩍 시간은 가버렸고 동생들의 빈자리만 남게 되었다. 호탕한 웃음소리가 인상적이던 그의 갑작스런 부재가 이토록 가슴 아픈 것은, 제 수명을 다하지 못한 아쉬움과 누나로서 더 베풀지 못한 자책감 때문이다.
 납골당에 안치하고 먼저 온 망자들의 사진을 보니 어린애도 있고, 젊은 새댁도 있었다. 그 가족들의 비통함까지 뼛속 깊이 저려오면서 눈물샘이 터져버렸다. 눈물을 참으려니 심장이 터질 것만 같았다. 속울음을 삼키니 숨통이 턱턱 막혔다.

동생을 그렇게 보내고 한 주는 실감하지 못한 채로, 또 한 주는 넋을 놓은 채로 지내다가 스스로를 추슬러야 한다는 생각이 들었다. 사고 수습을 해야 하고, 아버지 잃은 조카들에게 고모의 역할도 해야 했다.

나를 위로하기 위한 구실로, 납골당의 어린아이와 젊은 주부를 생각해냈다. 말도 안 되는 이야기인 줄 안다. 사람은 고통이나 절망이 닥치면 자기 방어를 위한 변명과 행동이 따르는 것인가. 납골당 사진 속 아이의 부모는 사진의 빛이 바랜 만큼 고통의 암울한 색깔도 바래졌을까? 또 웃고 있는 사진 속의 새댁, 그 남편은 어떨까? 그의 자식과 부모는? 온갖 상념에 젖어 있는데 다윗 반지의 글귀 '이 또한 이내 지나가리라.'가 불현듯 떠오른 것이다.

예전에는 읽고 그냥 지나쳤는데 지금은 내게 위안이 되는 문구가 되었다.

그렇다. 시간은 마음 따라 흐르는 법. 초조해하거나 집착하면 시간은 한없이 더디 흐르고, 마음을 비우면 유수처럼 흘러갈 것이다. 가슴에 상처 없는 사람 어디 있으랴. 만사는 생각하기 나름이고 세상은 내 생각 속에서 내가 만드는 것임을.

나는 앞으로 얼마나 더 세상에 존재하게 될까. 어느 날 내가 부재할 때 나를 알았던 사람들은 얼마만큼 나를 생각할까. 죽음을 서러워하던 사람들도 시간이 흐르면 슬픔이나 고통이 흑백사진처럼 빛바래지겠지.

죽음은 항상 우리 곁에 있는 것. 어제를 묻고 오늘을 충실하게 살아내야 하는 것이 인간사 아니던가.

별리別離의 아픔과 고통, 하늘 아래 영원한 것은 없다. 내게 있어 사월은 잔인한 계절이다. 인간사 무수한 인연의 마무리처럼 시간이 흐르면 이 또한 지나가리라.

하루살이

 책을 읽는데 갑자기 눈이 따가웠다. 책장 속의 글들이 순식간에 흩어지고 아무것도 보이지 않았다. 눈물마저 질금거렸다. 휴지로 닦았더니 깨알만 한 것이 묻어 나왔다.
 열어 놓은 창문으로 날아든 하루살이였다. 그런데 하필이면 뛰어든 곳이 내 눈 속이라니! 하루도 못 채우고 생을 마감하는 하루살이는 참으로 운 없는 놈이다.
 생각해보니 하루만 산다 하여 하루살이라고 이름 붙여진 것이 범상치 않다. 백 년 가까이 사는 사람도 억울한 점이 얼마나 많은가. 하루에서 길어봤자 며칠이 전부인 하찮은 생명이지만 그들에게 주어진 나름대로의 삶은 있을 터.
 문득 조오현의 시 한 편이 기억 저편에서 걸어 나왔다.

제3부

하루라는 오늘/ 오늘이라는 이 하루에// 뜨는 해도 다 보고/ 지는 해도 다 보았다고// 더 이상 더 볼 것 없다고/ 알 까고 죽는 하루살이 떼// 죽을 때가 지났는데도/ 나는 살아 있지만/ 그 어느 날 그 하루도 산 것 같지 않고 보면// 천년을 산다고 해도/ 성자는/ 아득한 하루살이 떼

- 〈아득한 성자〉 전문

책 읽을 기분은 이미 사라졌다. 책장 속의 글자들이 뿔뿔이 흩어지면서 마치 달아나듯 사라지던 영상이 뚜렷하게 각인돼 왔다.

우리가 책을 읽는 것은 그 속에서 지식이나 교훈을 얻거나 진리에 좀 더 다가설 수 있을까 하는 기대치 때문일 것이다. 그러나 진리는 꼭 책 속에만 존재하는 건 아니다. 살아가면서 우연한 계기에 눈을 번쩍 뜰 때가 있고, 실수를 통해 얻는 경우도 있지 않던가.

지금 이 순간 나를 자극하는 것은 책상 위에 펼쳐진 책과 하루살이다. 책 속의 진리를 캐려는 내 눈에, 제 몸 던져 순간의 고통과 눈물을 준 그것의 투신이 그저 우연이었다고 생각하고 싶지 않았다.

수명이 길어진 인간은 100세를 눈앞에 두고 있는데도 부족해하며, 가진 것에 대해 만족하기보다는 덜 가진 것을 불평만 한다. 조오현의 시구처럼 "오늘이라는 이 하루에// 뜨는 해도 보고/ 지는 해도 다 보았다."고 미련 없이 세상을 뜨는 그놈들의

생이 보잘것없는 것이라고 치부해 버리기는 뭔가 아쉽지 않은가. 신이 녀석들을 세상에 내보냈을 때에는 그만한 이유가 있을 것이다. 실상 우리는 칠팔십 년을 산다고 생각하지만 어제가 오늘 같고 오늘이 내일과 다름없는 무한無限 반복의 하루살이가 아니던가.

매일 똑같은 생활을 반복하면서 욕망에 매달리며 삶을 증오하고 사는 것이, 하루 세상 구경으로 미련 없이 떠나는 하루살이보다 나은 점이 무엇일까.

새벽에 알에서 깨어나 뜨는 해를 보며 하루를 낭비 없이 보낸 뒤, 해 질 녘이면 짝을 불러 2세를 생산한다. 그런 후 불 속으로 뛰어들어 생을 마감하는 모습은 가상하기까지 하다.

아침에 깨달음을 얻으면 저녁에 죽어도 원이 없다는 것이 구도자의 삶이다. 인생의 후반기에 선 나는 지금까지 무얼 깨달았는가? 책 속에서 누군가가 경험하고 일러준 것을 그저 받기만 했을 뿐, 나 스스로 삶의 두렵고 깊은 심연으로 뛰어들 생각을 해보지 않았다.

나는 휴지 조각을 들고 베란다로 나왔다. 불을 붙여 하루살이의 다비식을 행했다. 남들이 웃을는지 몰라도 하나의 약속을 다짐하는 엄숙한 제의였다. 순식간에 불은 꺼지고 흰 연기 한 줄이 허공을 가로질러 올랐다.

몽타주 세상

나는 영화를 즐겨 본다. 극장을 찾기도 하고 인터넷으로 다운 받아 보기도 한다. 옛날 영화는 아련한 향수가 있어 좋다.

영화 기법 가운데 '몽타주'라는 게 있다. 영화가 연극과 다른 점은 화면을 연출자의 의도대로 얼마든지 편집할 수 있다는 것이다. 때로 그런 점에서 몽타주 기법으로 완성된 영화는, 본래의 의미를 벗어나거나 왜곡되어 감독의 의도가 관객에게 은연중 강요되기도 한다.

몽타주 기법이 활성화되지 않았거나 그런 기법을 싫어했던 감독들이 만든 1960~80년대 영화는, 화면에 우리들 삶의 이야기가 실제로 이어지는 것 같은 느낌을 받는다. 자극은 없지만 폭넓은 공감이 형성되고 속도감은 떨어지지만 휴면과 감동이 뭉클하다.

요즘은 몽타주 기법으로 편집된 영화가 대부분이다. 평범한 사실도 편집 방향에 따라 각색되면서 감독의 신념이나 욕구에 따라 보여주고 싶은 것만 강렬하게 강조하는 것이다.

그런데 이 '강렬함'이라는 것도 생각해 볼 문제다. 감독의 의도를 전하려면 관객이 다른 생각을 못 하도록 화면은 강렬해야 하는데 그리되면 관객은 영화에 대한 비판의식을 가질 겨를이 없다. 상업영화의 경우이긴 하지만 몽타주 기법이 많이 사용될수록 영화는 그만큼 스피디하고 자극적이다.

요즘은 영화뿐만 아니라 모든 정보가 '몽타주' 되어 돌아다닌다. 내가 살고 있는 세상이 현실의 세상이 아닌, 누군가가 편집한 화면 속의 세상 같다는 느낌이 들 때가 종종 있다. 그 화면 속 세상 같은 곳에서 나는, 바라보는 관객이 아니고 배역을 맡은 배우 같다는 생각이 드는 것을 어쩌랴.

인터넷으로, 스마트폰으로, 카톡이나 페이스북 같은 다양한 SNS를 통해 악의적으로 편집된 정보들이 강렬한 자극성을 띠고 빠르게 전파된다. 하나의 정보가 사실인지 채 파악하기도 전에 다른 정보가 이전의 정보를 덮어버리니 나처럼 더딘 사람들은 따라잡기도 힘들다.

그로 인해 판단이 흐려지고 잘못된 선택을 할 수도 있다. 몇 년 전 소고기 파동 때 SNS를 통해 "수입 소 대신 차라리 청산가리를 먹겠다." 했던 여배우는 시간이 흐르면서 잘못된 정보에 휘둘린 자신을 깨닫고 급기야 이름까지 바꾸고 말았다.

이제 SNS의 파급력을 실감한 눈치 빠른 사람들은 그것을 적극적으로 이용한다. 그러다 보니 정치나 사회적으로 민감한 모든 정보가 편집되는 지경에 이르렀다. 국민 모두가 가슴을 쳤던 세월호 참사 때도 엉터리 정보로 유족들을 두 번, 세 번 울린 사건을 보면서 나는 솔직히 이런 영화 같은 세상의 화면에서 사라지고 싶다는 생각이 들었다.

누군가 필요에 의해 악의적으로 정보를 흘리고, 정치인이 부풀려 리트윗한다. 기성 매체가 실제 뉴스처럼 그것들을 퍼 나르면 우리 같은 서민들은 순식간에 그들의 꼭두각시가 되고 만다. 영화에서 일어나던 '몽타주'가 현실에서 실제처럼 일어나고 있다. 이제는 공신력 있는 매체들이 전해주는 정보조차 그대로 받아들이는 게 불안해졌다.

우리를 편집된 거짓의 영화 속으로 밀어 넣는 감독은 누구일까. 네티즌도, 언론매체도, 포털을 비롯한 SNS도 그저 그들 주변을 맴도는 도구일 뿐이다. 그것을 적극적으로 활용하는 정치인들이 자신들 입맛에 맞게 편집한 영화를 우리들에게 보여주면서 얼마나 흡족해할까.

가끔, 내가 살고 있는 세상이 어느 누군가에 의해 편집된 세상이라는 느낌이 들면 화면 밖으로 튀어 나가고 싶다.

나무꾼과 쇠도끼

　산속에 위치한 토속 음식점을 찾았다. 육칠십 년은 족히 되었음 직한 황토 바른 벽에는 시꺼멓게 빛바랜 신문지가 도배되어 있고, 지금도 군불 지핀 흔적이 남아 있다.
　마당에 들어서니 눈에 들어오는 물건이 있었다. 장작과 도끼였다. 남편은 옛날 생각이 났던지 나무를 패기 시작했다. 소매를 걷어 올리고 패는 모습이 영락없는 나무꾼이다. 그 모습을 한참 보고 있노라니 손녀에게 읽어주었던 '나무꾼' 이야기가 생각났다.
　연못에 도끼를 빠뜨린 나무꾼 앞에 산신령이 금도끼를 들고 나타나 "이게 네 도끼냐?"며 묻는 이 우화는, 우리나라뿐 아니라 세계 도처에 퍼져 있다. 본래는 그리스의 이솝우화 〈헤르메스와 나무꾼〉에서 연유된 것으로 전해진다. 세계에 퍼져 있다는 것은 어느 나라를 막론하고 인간의 잘못된 욕망은 파멸을 초래한다는 교훈을 가르치는 게 아니겠는가.

나는 이 이야기에서 욕심 없는 나무꾼과 욕심 많은 나무꾼 두 가지 유형의 인간을 만난다. 욕심 없는 나무꾼은 어떤 사람인가. 첫째는 내 것이 아닌 것은 탐하지 않는다. 두 번째는 욕심이 없기에 자신에게 주어진 일만 성실하게 하는 사람이다. 그는 순간, 이런 생각을 했을 수도 있겠다.

'금도끼나 은도끼는 쇠도끼처럼 나무를 찍어 넘어뜨리기 적당치 않아. 나무를 제대로 할 수 없어.'

나무를 하며 가족을 부양해 온 나무꾼에게, 나무를 할 수 없다는 것은 평생직장을 잃는 것이나 진배없다. 가족 부양의 의무를 다하는 것이야말로 가장인 나무꾼에게는 최고의 미덕이다. 정직한 나무꾼은 탐욕이 없었기에 산신령으로부터 이 같은 복을 받을 수 있었다.

얼마 전 TV에서 폐지를 주워서 생계를 이어가는 할머니가 얼마 안 되는 돈이지만 자신보다 어려운 이웃에게 희사하는 것을 보았다. 또 경남 함양의 '염소 할머니'는 팔십 평생 모은 돈 1억 원을 한 고등학교에 장학금으로 기탁했다. 기부하는 사람이 제일 부러웠다는 할머니는 앞으로도 돈이 더 모이면 기부하겠다고 했다. 이들이야말로 진정 욕심 없는 나무꾼이 아니겠는가. 반면 욕심 많은 나무꾼도 도처에 있다. 산신령의 도끼뿐 아니라 세상의 도끼를 모두 가지고 싶어 오늘도 남의 연못에 도끼를 던져 넣고 그것도 모자라 남의 집 기둥까지 제 것으로 찍어 넘기려 한다.

세상은 여전히 두 부류의 나무꾼으로 나뉜다. 그런 의미에서 '산신령과 나무꾼' 이야기는 쓰인 지 2천 년이 지난 21세기에도 유효하다.

두 나무꾼을 두고 누군가는 가치관 차이일 뿐이라고 말할지도 모른다. 그러나 이것은 가치관 차이가 아니라 욕망을 제어할 수 있느냐 없느냐 하는 본질적인 인간의 문제이다.

'욕망'이 인간의 문명을 발전시켜 온 것도 부인할 수 없다. 그러나 한편으로 '욕망'은 그것을 아는 것만큼 인간을 교활하게 만든다. 욕망의 도끼를 많이 가지면 가질수록 더 가지고 싶어지고, 또 다른 거대한 욕망과 만나 뺏고 빼앗기를 반복한다. 출세와 감옥 가기를 쳇바퀴 돌듯 하는 일부 정치인들처럼 욕망과 교활함은 스스로를 나락으로 밀어넣는 거대한 심연이다. 욕심 많은 나무꾼이 그것을 깨달았을 때는 이미 어두운 나락으로 떨어진 후다.

정직한 나무꾼처럼 욕망이 제어되는 사람이라면 그럴 일은 없다. 정직한 나무꾼은 가족들과 단란하게 사는 게 그의 소박한 꿈이다. 이런 사람은 스스로는 물론 주변 사람 누구에게도 해를 입히는 일이 없을 터.

우리 사는 세상에는 정직한 나무꾼보다는 탐욕이 넘치는 나무꾼이 득실거리는 것 같다. 정직한 나무꾼이 많아야 나도 행복하고 세상 또한 훨씬 아름답지 않을까. 쇠도끼로 장작을 패는 남편의 이마에 어느덧 구슬땀이 송골송골 맺혔다.

제4부
경상도 사투리 수필

개팔자 개 거튼 팔자

 장날이라 장에 갔더마 웬 할매가 똥강새이 팔라꼬 플라스틱 바구니에 담아놨데. 폴 사람이나 살 사람이나 고마 강새이 모가지로 잡아가꼬 들따가 놨다 카는데 강새이가 아픈가 깽깽거리는 기라. 참 개 거튼 팔자 아닌가베.
 찬거리를 사 갖꼬 가는데 애견센터가 보이는 기라. 센터 직원이 젊은 새댁에게 개를 보여주는데 보물단지 싸안는 거맹쿠로 아듬고 보이주데. 새댁도 안아갖꼬 쓰다듬는 기라. 쪼매이 전에 장에서 본 강새이하고는 팔자가 다른 기 센터 개는 상팔자 아인가베.
 그기 오데 개뿌이겄나. 사람이라꼬 별시리 다를 것도 없능 기라. 내 아는 아지매 이바구인데 말다. 처자가 꽃 거튼 나이에 남편 얼굴도 몬 보고 시집을 갔는 기라. 아부지 하는 말이 부잣집이라

가믄 밥은 안 굶는다 캐서 갔는데, 시어무이한테 구박받아 가믄 서도 묵고사는 거 걱정 안 하고 사는 기 오데고 싶어가꼬 그냥 살았능 기라. 그란데 이 남편이 술과 놀음에 미치가꼬 재산 다 날리 뿐 기라. 배는 남산만 한데 빚쟁이 몰리와가꼬 집에서 쫓기났다는 거 아이가.

친정에 간께네 출가외인이라고 또 쫓아내제. 그래 촌에 가서 넘으 집 문간방에서 아들 낳고 종살이하는데. 이기 크문서 또 말썽이라. 파출소를 집처럼 들락거린께네. 고생고생하다가 그래도 늘그막에 우째 괜찮은 남자를 만나가꼬 함 살아보나 했드마는 남자가 중풍이 온 기라. 고생고생 병수발해가꼬 남자가 쪼매이 낫을 만한께네 덜컥 지가 아픈 기라. 암 말기라 카네. 세상에 그런 팔자가 오데 있겠노 말다. 진짜 개 거튼 팔자 아이겄나.

누구는 금수저 물고 태어나가꼬 유학 가서 또 금수저 남편만나 결혼하고 서른에 사장 되고 마흔에 회장 되는데 그런 상팔자가 없제.

말해노코 본께네 개팔자하고 개 거튼 팔자하고 우째 이리 어감이 다르노. 나는 어느 쪽일란고 생각해 본께네 어릴 때는 개 거튼 팔자였지마는 지금은 개팔자라 카믄 되것네.

인간들이 하는 욕 중에서 개맹쿠로 마이 비유되는 동물이 있겄나. 외로분 사람 반려가 되어주제, 도둑 지키제, 주인 보호하제, 그런 개로 우짜자꼬 욕설의 대명사로 만들었실꼬. '개새끼'니

'개 같은 놈'이니 '개보다 못하니' 해쌈시러 상대방을 욕할 때마다 거론되는 이유는 아무리 생각해봐도 한 가지뿐인 기라.

개들은 사람 사는 공간에는 안 가는 데가 없다 아이가. 뭐 그거사 좋은데 이것들이 골목이고 마당이고 안 가리고 흘레 붙는단 말이거든.

옛날에사 대가족이 모여 살았다 아인가베. 여름날, 팽상에서 수박 잘라 묵고 손자들이 할부지께 옛날 이바구 듣는데 난데없이 마당 한쪽에서 개들이 그카는 거 삼대가 함께 지켜봐야 된단 말이거덩. 서로 멀뚱거리다가 할배가 묵던 수박을 집어던짐시러 고함지르능 기라.

"에라이, 개노무 새끼들!"

할배 고함에 정신 번쩍 든 아부지가 부지깽이 들고 뛰이가서 뚜드리패고 안 그랬나. 아무 데서나 그 짓거리를 한께네 개 같은 짓거리라는 말도 생기고 개가 욕의 대명사 된 거 아이겠나.

요새 애완견은 멋진 개 호텔에서 신방도 채리준다 카대. 우짜든가 개나 사람이나 개 거튼 팔자 되지 말고, 개팔자 상팔자가 돼야 될 낀데, 그랄라 카믄 넘한테 존경은 못 받을 값에 욕은 안 묵고 살아야 하는 기라. 말해 노코 보이께네 뒤통수가 근지럽네. 느그는 괘않나? 뒤통수 말다. 쪼매이 근지럽다꼬? 그라마 앞으로 말이나 행동 더 조심하자 카이.

고백 쪼매이 할라꼬예

하나님요, 오늘은 고백 쪼매이 할라꼬예. 고백은 성당 가서 신부님한테 하라꼬예? 아이고, 그거는 몬 하것심더. 신부님도 사람이고 내 숨카논 이바구 다 듣는 긴데 그걸 우째 다 까발리겠심니꺼. 내사 마 다른 사람들맹크로 도와달라 카는 말은 안 하겠심더. 교회도 안 댕기는데 도와달라 카모 하나님도 기분 벨로 안 좋을 끼라예.

사람 의심하능 기 나쁜 긴 줄은 암시롱 남펜 모르그로 슬쩍이 휴대폰 디리다볼 때도 있고, 친구하고 다른 사람 흉보다가 그 사람 만나모 안 그란 거처럼 웃고 떠들 때도 있다 아입니꺼. 또 개인적으로 밥 묵음시러 회사카드 가꼬 끊은 적도 있꼬예.

한번은 친구가 피부과에서 일주일 동안 관리받았다꼬 자랑하능 기 아입니꺼. 그란데 내사 아무리 봐도 별 차이가 없능 기라예. 그래도 친구 섭하게 할 수는 없능 기라서 "와, 한 십 년은 더 젊어짓뿌렀네!" 캤더마는 친구 하는 말이 "맞제? 그란데 영숙이 그 가스나는 머라 카는 줄 아나? 하나도 안 좋아졌다 카능 기라. 문디 가스나 배 아푸믄 아푸다 카등가!"

　내가 맘에도 없는 이바구했는데, 바른 말 한 친구 말은 안 믿고, 내 말은 찰떡가치 믿어 삐는기라예. 이래 그짓말 시킨 거는 벌 받아야 되능 깁니꺼? 세상이 하도 복잡해지가꼬 인자는 뭐가 옳고 그른지 모르겠심더. 남팬 휴대폰 디리다본 것도 죄고, 공금 서너 번 쓴 기나, 친구 기분 좋으라꼬 거짓말한 기 죄입니꺼?

　그라모 말입니더, 하나님요. 내가 한 짓이 벌 받을 일이라카모, 요새 산업스파이들이 기업 비밀 디리다보고 훔치가꼬 국가에 엄청 손해 끼친다 카는데 이거는 휴대폰 디리다보능 거 하고는 차원이 다르다 아입니꺼. 그 사람들은 와 벌 안 받고 멀쩡할까예? 회사카드로 밥값 긁은 기 잘못됐으문 국민 세금 착복하는 사람들은 와 부자로 살까예? 선의의 거짓말 쪼맹이 한 기 나쁘문 악의적인 거짓말하는 인간들은 와 활개치고 댕기능 걸까예?

　아, 실슙니더. 넘 흉볼라 카능 거는 아인데 고마 그래 돼삤네예. 우짜등가 내가 잘몬한 기 있으문 벌주시모 달게 받을랍니더. 그란데 내보다 더 큰 잘못하는 사람도 꼭 벌 쫌 주이소.

　그라고예, 이거는 절대 도와달라 카능 거는 아이고 푸념하능 깁니더. 사실은예 작은아가 나이가 마흔을 넘깄는데예 아직 장가를 몬 갔다 아입니꺼. 객지에서 일한다꼬 그만 혼기를 놓쳐삣지예. 내 맘이 아파 죽을 지경이라예. 또 하나 더 있십니더. 작년에 남펜이 심장이 안 좋아서 죽었다 살아낫어예. 스텐든가 뭔가 하는 시술을 했는데 이거는 약 잘 안 챙기모 치명적이라 카능 기거든예. 그란데 약을 안 챙기 묵어서 내사 마 밤에는 몇 번이나 디리다보고 합니더. 운동도 심하게 하모 안 된다 카는데 내 말은 씨알도 안 믹히는 기라예.

심지어는예, 하고 잡은 거 다 하다가 죽는 기, 안 하고 오래 사는 것보다 좋다 캄시러 나이 칠십 넘깄는데 젊은 머스마들만큼 운동하능 기라예. 아침에 베드민턴 가지예, 저녁답에는 헬스하고 탁구도 친다 아입니꺼. 의사가 조심하라 카는데 그 말은 안 듣는 거라예. 간 큰 남자지예?

지는 걱정이 많다 본께네 잠이 안 와서 술 한잔해야 게우 잠이 들거든예. 아이고, 미안합니더. 하나님 앞에서 술 얘기하믄 안 되는 거 아는데 고마 깜빡했심니더.

하나님요! 가족 얘기한 거는 절대로 도와달라 카능 건 아입니더. 도와달라 카는 신자들도 엄청시리 많을 낀데 내꺼정 도와줄 시간 없다 카능 거 잘 압니더.

그렇다 캐도 가끔 안 바쁠 때 있으시모, 진짜 한가할 때 있으시모, 곁눈질이라도 한 번 가족들 실찌기 봐주이소.

오늘 고백 들어주셔서 고맙십니더예. 속에 있는 이바구 다 풀어놓으니 가슴이 고속도로만큼 시원하게 뚫렸어예. 하나님, 제가 교회 가지는 몬해도 사랑합니데이. 마음으로 새기고 있겠십니더.

느그가 빈티지를 아나

　빈티지? 나도 빈티지가 머신지 다 안다 고마. 나이 쪼매 들었다고 그리 시대 덜떨어진 사람은 아이다. 내도 왕년에는 쪼께 멋 좀 지기고 안 다닌나. 글타 캐도 이거는 쫌 너무한 기라.
　옆집 젊은 아가 신은 운동화라 카는 기 때가 꼬질하게 묻어 더러워 못 보겠능 기라. 그래서 쫌 빨아 신어락 캤더마는 머라 카는 줄 아나? 원래 그래 만들어갖고 나온 신발이락 쿠네. 내 참 기가 차서 말이 다 안 나온다.
　무신 운동화로 만들 때부터 때가 꼬질꼬질하게 묻히갖고 나온단 말이고. 근데 그기 유행이라 쿠네. 낡은 폿때 내는 거는 글타치고, 일부러 더럽구로 만들어갖고 신는 거는 도저히 이해 몬 하겠능 기라. 그런데 더 이해 몬 하능기 먼 줄 아나. 그 신발 한 켤레 값이 삼십만 원짜리부터 칠십만 원까지 한다 칸다.

더 웃기는 거는 더러븐 운동화 사 신을 끼라꼬 편의점 알바한다는 거 아인가베. 이기 말이 되는 기가. 젊은아들이 그런 거 입고, 신고, 지 꼬라지 맬꼼하이 해보겠다 카는 거 아이가.

손바닥만 한 빈티지 치마가 유행한 적도 있었제. 치마가 무르팍을 지나서 한참 올라가다가 우째 잘못 걸으믄 달가지 사이로 빤쭈가 보일 만치 올라갈 때도 있었다 카이. 육교 올라갈 때는 핸드백을 똥꼬 뒤에 받치야제, 식당에 앉을 때는 손수건 끄집어내 갖고 허벅지 위에 덮어야제, 불편해 보이는데도 그리 억수로 부러분 적도 있었다 아인가베.

나이 묵은 어른들은 젊은 아그덜 지나가모 쌔빠닥 쯔쯔 차믄서 "문디 가스나들이 옷 만드는 데 베쪼가리가 모자라나, 꼬라지가 저기 뭐꼬!" 하믄, 딸아들은 "유행도 모르는 할매들이 머라 카노!" 하믄서 못마땅하게 생각해댔제.

우스분 거는, 서울에서 손녀가 입고 내려온 찢어진 빈티지 청바지를 자고 일어난께네 외할매가 기버났다는 거 아이가. 나도 부꾸러분 과거사가 있제. 큰애가 고등핵교 다닐 적에 지 용돈 모아가 거금 주고 청바지를 사 왔다 쿠대. 근디 보니 무릎팍이 찢어져 있는 기라. 내사마 잘한다꼬 재봉틀에다 정성껏 천을 부쳐 누비났다 아인가베. 우찌 됐겄노, 상상해 보거래이.

빈티지는vintage는 오래된 기라는 뜻이라 쿠네. 일반적으로 낡은 스타일을 지칭하는 긴데, 구식의 친근함과 낡아 초라해보일 수 있는 것을 새롭게 개성적으로 표현하는 기 진정한 빈티지인 기라. 부족함 속의 여유! 또 소외된 것에 미적 가치를 부여하는 깊은 안목과 센스, 바로 그기라코 안 하나. 본래 낡은 옷을 멋스럽게 입어내는 패션감각이 중요한 기라. 걸뱅이맨쿠로 꼬지지한 거 비싼 돈 주고 사서 입고, 신고, 걸친다고 빈티지 멋쟁이가 아이란 말이제. 우리 젊은 시절에, 나는 그리 못 해봤지만, 진짜 멋쟁이들은 청바지 낡으면 낡은 대로, 까맣게 물들인 군용 야상점퍼 소매 해진 거, 운동화 뒤꿈치 닳은 거 꺾어 신고 폼 안 잡았나.

그래서 함 찾아봤다. 그 무신 골덴 머신가 사십만 원짜리 운동화에 또 머시라? 아무나 배터진인가 배처진인가가 하는 오십만 원짜리 빽에, 빤쭈가 보일 똥 말 똥하는 청반바지에 헐렁한 박스 티꺼정 입는다 카믄 백만 원은 훌쩍 넘는 기라. 근데 딱 보믄 바로 걸뱅이 중에서도 상걸뱅이 스타일이다.

어떤 광고인은 현대 물질주의에 대한 반항의 의미라고도 하더라마는. 꼬질한 꼬락서니에 거금을 투자하는 그거는 패셔니스타가 아이고 골빈스타 아니것나 하는 생각이 들구마.

'가난한 젊은 시절에 반항정신과 자신만의 멋으로 즐기는 기 빈티진데, 정신 몬 차리고 돈 쎄리들이부아 같고 주렁주렁 걸뱅이맹쿠로 걸치믄 인격이 빈티지 된다 카는 거 잊지 말거래이.'

손녀에게 이리 이바구해주모 시대에 덜떨어진 할매라꼬 흉볼란가 모르것네.

도구통 이바구

 느그 백결 선상이라고 알제? 신라시대 때 경주 낭산狼山 밑에 살았다는 가야금의 달인이라 카던 그 백결百結 말이다. 그 양반 본시 세상일에는 초연했던 사람이제. 가랭이가 찢어질 만큼 가난해가꼬 쪼가리로 옷을 깁고 또 기버가 빠꼼한 틈이 없었다 쿠네. 백 번쯤 기버 입은 거 맹크로 보인다꼬 캐서 사람들이 백결 선상이라고 불렀다고 안 카나.
 어느 해 설을 맞이해가꼬 이웃에서는 음식 준비함시러 도구통에 곡식 찧는 소리가 고막을 두드리 쌓는 기라. 동네 사람 니도 내도 찧어쌓는데 우찌 신경이 안 씨이것노. 머시라? 도구통이 머시냐꼬? 문디, 절구통 아이가.
 시끄러버도 흥이 나는 소리가 방아 소린데 백결 선상 집에는 곡식은커녕 쥐새끼 물어가다가 흘린 좁쌀 한 톨도 없는 기라. 그

카이 마누라가 을매나 설붓겠노. 마누라가 설버하이께네 백결 그 양반 좀 안심찮했던 기라. 사람이라 카믄 와 안 글켔노. 그란데 가진 재주라꼬 해봤자 깽깽이 타는 재주밖에 더 있나. 선상이 깽깽이로 희한하게 방아 찧는 소리를 만들어내 갖고 마누라를 위로했닥 쿠네. 그라고 보믄 그 사람 깽깽이 하나는 귀신 빰치는 솜씨인 기라. 그 가락이 〈방아악〉으로 후세에까지 전해져 오고 있다 카는 거 아이가.

 옛날에사 백성들이 배곯지 않는 날이 별로 있나. 하루 세끼는 언감생심이제. 두 끼만 해도 감지덕지지만 그것도 비름이나 소나무껍질 벳기가꼬 보리나 좁쌀 한 줌 넣고 멀거이 끓이가 하루 한두 끼 채웠다 아이가. 그나마 겨울을 나고 봄이 되마 묵는 날보다 굶는 날이 많았제. 아이고 문디, 보릿고개 그거 사람 잡는 고개 아인가베.

 음력 3~4월 요때가 사람 더 잡는다 카이. 지난해 가실 곡식은 다 떨어지고 보리는 이제사 올라오는데 묵을 꺼는 없고 우짜겟노. 덜 자란 나물을 뿌리째 뽑아내고 소나무 속껍질을 벗기가꼬 도구통에 찧어서 보리나 밀을 쪼매이 넣어 묽은 죽을 쑤묵었단 말이제. 죽이라 캐도 나물뿌리나 송기 그거 소가죽매로 질긴 거 다 안다 아이가. 그기라도 묵을 수 있던 거는 바로 도구통이 있응께네 가능했던 기라.

 그란데 그리 배를 곯아도 인간들 상상력은 끝도 없다 카이. 뱃

가죽이 등빼기에 달라붙어도 팔 베고 누워 훤이 밝은 보름달을 봄시러 옥토까이가 도구통 찧는 상상을 했으니 긍정적 상상력을 가진 민족인 거는 분명하단 말이제.

뭐 꼭 남자들 속 응큼한 거 말할 필요는 없구마는. 딱 봐도 안 그렇나. 방아질은 그 생긴 모양이 남녀의 행위를 상상크로 안 하나. 그런 쪽으로 속담이 요래조래 많은 거 보문.

"절구에 치마만 둘러도 좋아한다."는 말은 여성을 절구에, 남성을 공이에 비유해서 상상하지 않으면 나올 수 없는 말 아이가.

"돌확에 길이 나야만 절구 맛을 안다."는 말도 마찬가지데이. 납딱한 돌에 구멍 파서 곡식 담고 둥그런 돌로 찧거나 갈아낸단 말이거든. 부부 잠자리가 뭔지도 모르고 시집간 여인이 성생활의 즐거움을 제대로 알라 카믄 우둘투둘한 돌확이 닳아질 시간이 흘러야 된다 카는 말씀인 기라.

〈심청가〉에 나오는 판소리 사설 〈방아타령〉 들어봤제? 고무신 신고 뻘밭 걸어가는 거처럼 질퍽하다는 느낌 안 들더나? 심청이 인당수에 빠진 뒤의 이야기는 서럽기 짝이 없제. 그 뒤 심청이 살아나서 전국 장님잔치를 베푸는 대목으로 넘어가믄 심 봉사가 잔치에 가다가 동네 아지매들 하고 이바구를 주고받는디 이 대목이 〈방아타령〉이란 말다. 머 판소리 사설이라 카는 거는 시대에 따라 가사도 조금씩 변하는디, 신재효의 사설을 보믄 요래 나오거든.

일두속상가옥一斗粟尙家沃은 형제간에 찧는 방아/ 풍편수성침風便數聲砧은 강촌 어부 찧는 방아// 월중 단계하月中 丹桂下에 토끼 찧는 약방아/ 이 방아 저 방아 다 버리고 울침침月沈沈 야삼경夜三更에/ 우리 님 혼자 와서 가죽 방아만 찧는다.//(중략)
- 심청가, 신재효 판소리 사설 집全, 보성문화사, 1978. pp. 241-243.

부자한테 도구통이란 배에 기름칠 더하는 풍성한 도구였제. 하지만 바쿠벌레 뒷다리에 붙은 밥따까리도 떼어 묵을 가난한 백성들한테는 배때기를 채울 꺼리를 만들어내는 마술 같은 도구였든 기라. 그기 장작개비 씹는 거 같은 풀뿌리죽이나 소가죽 빠는 거 같은 송기떡이문 우떻노. 한 끼를 곯지 않고 채운다는 기 중요하다 아이가.

그리 곯다가 머 하나 씹어 삼킸다고 팔 베고 누우가꼬 달을 봄시러 방아 찧는 상상을 해댄께네 곡식도 없는데 얼라새끼는 자꾸 늘어간다. 아이고, 참말로 기가 막힐 일이제. 우짜겄노. 번식은 하늘이 준 사명인데. 묵었으믄 방아도 찧어야제. 암, 멕이주고 본능을 일깨우는 상상까지 자극해준 도구통이사말로 진짜 고마운 물건 아이겠나. 도구통 만세지.

동동구리무

처음에는 내 눈을 의심했다 아이가. 그란데 가마이 본께네 옛날 동동구리무가 아이고, 업그레이드해가꼬 새로 나온 동동구리무라 쿠네. 내용물은 다른 화장품하고 별 다를 끼 없어 보이드마는, 일종의 복고풍 상술인 기라.

동동구리무 생각하믄 지금도 웃음이 실실 난다 아인가베. 그기 한창 유행하던 시절이 있었제. 살림살이 찢어지는 과부가 '구리무' 하고 '박가분' 가꼬 있으면 옆에서 이상한 눈으로 보던 시절인 기라. 어떤 부자 놈팬이를 만났는지는 몰라도 지 돈 주고 살 행펜은 아인 기 분명하거든.

그 정도로 동동구리무는 여인들 로망이었제. 요새로 치믄 영양크림 아인가베. 육십 년대까지만 해도 집에 수도가 오데 있노. 동네 우물이나, 꼴짜기로 서답이고 가서 얼음 깨고 빨래했다 아이가. 그카다가 보믄 얼굴은 얼어가 거무튀튀한 기라. 고릴라 상판대기도 아이고 말이다. 만지믄 얼굴 가죽이 꺼칠해가꼬 지 얼굴 지가 만지기도 싫은 기라. 손은 또 그기 사람 손이가. 손등이 부르터지서 갈라지고 피나고 딱지 앉았다가 떨어지고 밤이믄 가렵고 아이고 말도 몬 한다.

그래도 여잔데 우짜든가 서방한테 이뿌게 보이고 싶고, 사랑받고 싶고 안 그렇나. 사내 자슥들이라꼬는 오데 동네 다방에 가서 여종업원 손 한 번 만지볼라꼬 커피는 잘도 사주면서, 즈그 마누라 동동구리무 하나 사주는 거는 우찌 그리 야박한지 모린다.

글타꼬 다방 가서 여자들 손이나 만지묵꼬 커피 사준 거로 바가지 긁으믄 머라 쿠는고 아나? "니 손이 오데 여자 손이가?" 카믄서 타박 준다 카이. 아이고, 추분데 빨래한다꼬 손등 터진 거 위로는 몬 해줄망정 마누라 손이 고릴라 손이네 하믄시러 타박하제. 그카믄서 밤에 마누라 옆에는 머 할라꼬 오는데?

장날에 동동구리무 장수가 오믄 일하다가도 뛰쳐나간다 아이가. 등에 큰북 지고 그 우에 솥뚜껑메로 생긴 심벌 얹고, 혼자서 발로 북을 동동 치고 장구 치고 하모니카 불고 찐한 농지꺼리 얼매나 잘하는고 배꼽 빠지는 기라. 그라다가 통에서 구리무 꺼내가꼬 여자들 손등에 한 번씩 발라주며는 억수로 기분 좋았제.

겨울에 꺼칠한 손에 고거 쪼매이 찍어주는 거 부비믄 손등이 금방 뺀지리해지믄서 보들보들한 기 요술 같았다 카이. 그라이

동동구리무가 인기 있었제. 순이 어무이는 옆집 아지매한테 돈 빌리서 샀다가 서방한테 벼락 맞았다 아인가베. 농 안에 숨카놨던 걸 순이 아부지가 차자내가꼬 얼매나 족쳤는지 모린다. 허리 뽈라지게 빨래해서 입히다가 터진 손등 바를라꼬 산 동동구리무를 집어던지믄 살기 싫을 끼라. 동동구리무 그거 해바짜 커피 열 잔 값뻬이 더 되나 말다. 그때 남자들 즈그 마누라한테 우쨌는고 노래가 있거덩. 함 들어보라이.

1. 여보 당신 나를 정말 사랑한다면/ 동동구리무 한 통만 사주세요./ 동동구리무는 비싸니까요 닭똥은 어떠하오/ 난 싫어요, 난 싫어요. 난 부끄러워요.
2. 여보 당신 나를 정말 사랑한다면/ 비단구두 한 켤레만 사주세요./ 비단구두는 비싸니까요 짚신은 어떠하오./ 난 싫어요, 난 싫어요. 난 부끄러워요.
3. 여보 당신 나를 정말 사랑한다면/ 비로드 치마 한 감만 사주세요./ 비로드 치마는 비싸니까요 가마떼기는 어떠하오./ 난 싫어요, 난 싫어요. 난 부끄러워요.

우쨌노. 듣기만 해도 부아 치밀제? 우리 어무이 세대는 그리 살았다 아인가베. 요새는 세상 좋다 아이가. 나이 들믄서 철도 드는가 마누라 화장품에 백까지 사들고 오능 거 보믄 참말로 살

맛 나제.

　가끔 동동구리무장수 동동거리믄서 북 치는 것도 한 번씩 보고잡네. 그리 하나씩 추억이 사라지삔다. 동동구리무도, 신기료장수도……. 오늘은 동동구리무 한 통 사봐야겠네. 옛날 기분 날 낀가 아나. 동동구리무 생각하이 시어무니와 친청 어무이가 생각나믄서 눈물이 찔금 나온다.

사마구 타령

　여름철 풀밭에서 베짱이 지지지 울어싸대믄 느그들 기분 째지제? 옛날에는 짚으로 베짱이집 만들어가꼬 그 안에 가다 놓고 우는 소리를 음악처럼 들었다 카대. 그기 짝 찾아 우는 긴데 짝도 몬 찾구로 가다 놓고 뭔 음악이라고, 참말로 인간들은 얄궂데이. 그건 글타 치고, 죽은 베짱이 보믄 동정하믄서 왜 우리 사마구 보믄 안 그라는데?
　좀 무십게 생깃다 카는 거 우리도 안다꼬. 얼굴은 삼각형으로 뾰족하제, 눈은 아래우로 쭉 찢어졌제, 폴은 가시 달린 낫처럼 위협적으로 생깄제. 오죽하믄 사람들이 우리를 버마재비라고 부르겠노. 범아재비가 변한 말이라 쿠네. '호랑이의 아저씨'라는 말인께네 우째 보믄 호랑이보다 항렬이 높다는 말 아인가베. 머 적자생존인데 무섭다면야 좋기는 하다마는.

베짱이하고 우리는 육식성인기라. 베짱이 저저 턱주가리가 얼마나 쎈 줄 아나. 물리믄 다리든 모가지든 부러진다카이. 머라꼬? 사마구하고 베짱이하고 붙으믄 누가 이기냐꼬? 먼저 물린 놈이 밥 되는 기제. 버마재비 수컷한테 무서운 기 두 가진데 베짱이하고 사마구 암컷 아인가베.

암컷이 와 무십냐고? 우리 사마구 수컷 팔자 참 기구하다 아이가. 사람들은 음악 들어가문서 차 마시다가 술로 바뀌고 무드 잡히믄 작업 들어가제? 우리는 시작부터 서스펜스에 완전 호러다. 음악에 술 좋아하네. 느그맨치로 낭만적으로 작업 들어가다가는 뼈도 못 추린다. 짝짓기 제대로 해보기도 전에 꼴까닥이다.

베짱이 빼믄 우리 사마구를 당할 곤충은 별로 없다 아인가베. 곤충계에서 들려오는 전설 들어봤나. 우리들은 벌레 잡아먹는 새하고도 싸우고 심지어 동네 개하고도 싸우마 안 밀린다 카는 거. 덩치 땜시 결국 지기는 하지만 그래도 숨넘어가기 전까지는 그 유명한 당랑권으로 버틴다 아이가.

그란데 왜 암사마구를 무서버 하냐꼬? 아이구 시어마시야. 느그 인간은 공처가에 경처가도 모자라서 마누라만 보믄 설설 긴다고 기처가까지 있다 카대. 우리도 마찬가지데이. 우짜다가 암컷 만나서 짝짓기 한 번 할라 카믄 이기 보통 일이 아인 기라. 암컷이 우리보다 덩치가 두 배인 데다가 짝짓기하고 나모 뱃속의 알들 키우는 데 고단백이 필요하다꼬 수컷을 잡아무삔단 말다.

제4부

그카이 수컷들은 그 짓을 목숨 걸고 하는 기라. 그케도 이쁜 내 새끼들이 이 땅에서 살 수 있다 카모 그 이상 바랄 게 없제. 심지어 짝짓기하는 동안에도 암컷은 머리를 뒤로 돌려 수컷을 잡아먹는다 아이가. 몸이 반쯤이나 암컷 뱃속으로 들어가도 악착까지 짝짓기는 끝낸다마는 이기 보통 일이 아이제.

머시라? 인간들은 그리까지는 아이라꼬? 놀고 있네. 우리야 한 계절 살다 가면 그만이지만 느그는 한 오십 년은 야금야금 잡아먹히믄서 살아야 한다 아이가. 우리캉 머시 다른데?

우쨌거나 암컷을 만나모 눈치를 살피믄서 슬쩍 뒤로 돌아가가 덮치는 기 관건이라. 그때 암컷이 휙 돌아보믄 간담 서늘하지. 한잔 묵고 마누라 잘 때 침대 옆에 발뒤꿈치 들고 살살 들어가는데 마누라가 벌떡 일어나믄 느그도 간 떨어지제? 우리도 그렇딱꼬. 그케싸도 일단 뒤에서 덮치기만 해 뿌마 일 차는 성공이제.

그란데 그기 끝이 아이라꼬. 짝짓기하는 동안에도 끊임없이 암컷 눈치를 봐야 되는 기라. 머라꼬? 심하다꼬? 하이고, 느그는 짝짓기하믄서 눈치 안 보나. 마누라 심기 살피믄서 제대로 못 하믄 아침 밥상에 반찬이 왔다 갔다 한다 카믄서. 그래도 느그들 살아남으믄 짝짓기는 언제든 할 수 있제.

그라고 보이께네 인간 수컷이나 우리 사마구 수컷이나 처지가 별반 다르지 안능 기라. 안 그렇나? 여자 만나는 순간은 환상 같지만 그다음부터는 우리 목심도 우리 끼 아이라 카이. 그래도 21

세기 인간들은 여자들이 경제적으로 한몫 거들어 수컷이 좀 수월해졌다믄서, 우리보다 훨 낫네.

우짜든가 이 여름 살아남아가꼬, 햇살 따신 가실에 풀밭에서 만나 한잔하모 어떻겠노? 살아남은 자여, 건배!

제4부

안방 삼총사를 알란가 모르겠네

제목을 요래 붙이논께네 쪼매이 헷갈리제? 와 아이라. 그 머시기 프랑스 소설가 '알렉상드르 뒤마'가 쓴 고전 소설 〈삼총사〉가 아이라 카능 거는 미리 말해두꾸마. 그란께네 주인공 달타냥 볼끼라꼬는 꿈도 꾸지 말거레이,

요 삼총사는 옛날 안방에서 밤새 자리 지키던 기라. 그기 요강하고 자리끼하고 타구睡具라 카능 거 아이가. 사십여 년 전 시집살이할 적 일이 생각나네. 시아부지 계시는 안방에도 삼총사가 있었제.

마 요강이사 다 아능 기고, 자리끼도 알 만한 사람은 다 알것제. 그란데 타구는 요즘 젊은아들은 잘 모르 끼구마. 타구는 말다, 어른들이 밤에 침이나 가래를 뱉는 용기인기라. 요새맹크로 화장지가 있던 시절도 아이고 조오 쪼가리라꼬는 귀한 한지뿐인데 거

뱉을 수는 없능 기거던. 곰방대에 독한 잎담배 피아싼께네 가래가 우예 안 나오것노. 글타고 자다 몇 번쓱 일나가꼬 밖으로 나가기도 글타 아이가.

종 부리던 시절에사 여종이 담당해가꼬 저녁마다 갖다 놓재마는, 근대 들어가꼬는 메느리들이 했다 아인가베. 그 메느리들이 바로 우리 옴마 세대들로 지금 80대 할무이들이제.

곰곰이 생각해보이께네 나는 이 삼총사를 한 번도 치안 적이 없는 기라. 메느리 애끼는 시어무이의 배려였다는 걸 인자싸 알게 됐다 카이.

자리끼사 머 떠다놓으믄 그마이다. 요강은 비울 때 냄새 쪼매이 참으믄 되고, 그란데 요 타구라 카능 거는 암만 캐도 적응이 안 된다 카드라네. 끈적한 가래 묻은 그거로 물에 흔들모 씻끼나 말다. 달라붙어가꼬 짚수세미로 박박 문질리삐야 되는데 고무장갑이 오데 있노, 맨손가꼬 해야 되능 기라.

그래도 메느리라 카모 우짜든 간에 저녁마다 안방에 삼총사를 갖다 놓아야제. 깜빡 이자뿌고 안 갖다 노으모 고마 불호령 떨어진다 아이가. 이웃집에 성격 드센 시아부지는 요강 집어떤지삐기도 했다능 기라. 빈 요강이모 그나마 괜찮크로. 시아부지 찌릉내 나는 오줌을 뒤집어썼는데 얼마나 안쓰러웠는지 모린다.

타구는 보통 놋쇠로 맹근 거로 썼다 카대. 울 시아부지 타구도 놋쇠였제. 쪼맨한 요강매로 생기가꼬 높이는 보통 10센티 아래고

똥그란기 입구 쪽은 나팔맹쿠로 벌어지가꼬 있능 기라. 잘사는 집에는 도자기로 썼다 카는데, 한 손아귀에 쏙 들어오능 기 보믄 귀엽데이.

그란데 타구 씻는 것도 그릇 종류 따라 다르다 칸다. 놋쇠로 맹근 거는 가래가 잘 안 떨어지가꼬 짚을 모아지고 손을 넣어가꼬 긁어내야 되능 기라. 그란데 도자기로 맹근 거는 물 부아넣코 몇 번 휘휘 돌리모 떨어져 나간다 카능 거 아이가. 가난해가 놋쇠 타구 살 행팬도 안 되는 집에는 아들이 직접 맹글었다쿠네. 아부지가 겨울밤에 가래 뱉으러 나가모 감기 든다꼬 나무로 깎아가고 드리는 기라. 아들이싸 효도한다꼬 그랬지마는 메느리는 을매나 힘들 것노. 짚으로 싹싹 비비내도 깎은 자국 사이에 끈적하그로 묻어가꼬 한겨울 타구 씻는닥꼬 눈물콧물 빼능 기라.

그란께네 도자기 타구 쓰는 집 메느리는 금수저고, 놋쇠 쓰는 집 메느리는 은수저고, 나무 타구 쓰는 집 메느리는 흙수저쯤 될 랑갑다.

요새는 담배 피아가꼬 연기 뿜어대기만 해도 눈총 받는데 가래까지 뱉아싸믄 욕바가지로 묵는데이. 그만해도 한국 마이 좋아지고 선진국 됐다 아인가베.

재미있는 거는 이리 더러븐 타구가 인자는 골동품으로 대접받는다 카는 거 아이가. 언젠가 〈TV진품명품〉 프로에 고급스런 도자기가 소개됐는데 '청화백자칠보문타구'라꼬 판명났다 아인가베. 조선시대 타구는 골동품 가치가 있어가꼬 가격도 실하게 받는다 쿤다. 그기 골동품 대접받을 줄 누가 알았겠노, 오래된 도자기 요강도 출세했다 아이가.

   사람도 알고 보믄 오래된 사람이 지식도 마이 축적됐제, 세상 헤치나가는 지혜도 있제, 나이 묵을수록 훌륭한 골동품 못지않은 기라는 거 와 모릴꼬. 그거로 알아주는 사회가 우리가 바라는 사회 아이것나. 그래해야 젊은 아들도 즈그 늙으모 골동품 대접받을란가 폐품 취급받을란가 생각해 볼 낀데 말다. 내 말 맞제?

어무이, 행복한 새는 안 난다 카데예

 어무이, 우째 지내십니꺼? 요게는 지금 땡빛 따가븐 여름입니더. 당신 계시는 곳은 시원할란가 모르겠네요. 암만 캐도 땅보다는 하늘이 더 시원하겠지예? 오랜만에 어무이한테 손 편지 쓸라 카이 쑥시럽십니더. 오늘은 다른 나라 이바구 하나 해드리께예.
 을매 전에 테레비에서 외국의 한 섬나라 비추는 거 본께네 날도 몬하는 '카구'라 카는 새가 나오더라꼬예. 새는 참 이쁘게 생깃드만요. 근디 날개는 있는데 몬 난다꼬 안 합니꺼. 몬 나는 이유가 그곳에 천적이 없어서라 캅니더. 그라모 참으로 행복한 새 아입니꺼. 다들 목심 걸고 하루하루 살아가는데, 거게는 천적도 음꼬 묵을 거는 천지삐까리고예. 그라고 새끼도 딱 한 마리만 나아가꼬 에미 애비 새 둘이서 음청 애끼믄서 키운다 캅니더.
 내사 그거로 봄시러 "아! 행복한 새는 날 필요가 없구마는." 하는 생각이 들었심더.

　어무이요, 이 세상 살아가는 사람 중에 행복한 사람이 을매나 되겠심니꺼? 내는 철이 들면서 사는 기 우째 이리 힘들꼬, 그런 생각 마이 했심더. 그때는 세상에서 내가 제일 불행하다꼬 생각했다 아입니꺼.

　고런 생각이 들 때마다 하늘 나는 새들이 을매나 부러웠는지 몰라예, 내도 훨훨 날아서 딴 세상으로 가고 싶었지예.

　글타꼬 진짜로 날 생각은 해본 적도 없심더. 날개도 음썼지마는, 그런 호강은 내 팔자 아인 거라꼬 생각했거든예. 낫새 묵가면서 특별한 사람들만 날개가 생기는 기라 카는 것도 알았다 아입니꺼.

　젊은 시절 내 모습을 거울로 함씩 볼 때는 한심했능 기라예. 어무이도 말씸은 안 해도 딸내미 사는 것보고 가슴 아팠지요? 한번은 당신이 입속말로 '우째 니 팔자가 내 팔자를 꼭 닮았노….' 그런 이바구할 때 눈에 이슬이 맺히는 거 봤심더.

　중년이 되믄시러 눈으로 보는 세상이 쪼매이씩 넓어지는 거 같더라꼬예. 사는 기 애렵고 눈물 나는 기 내만 그런 기 아이더라 카는 것을요. 내 젊은 시절 살던 동네 근처에는 장도 있고 달동네도 있고 그랬다 아입니꺼. 시장사람들 살아가는 거나 동피랑 사람들 사는 기 눈에 들어오더라꼬요. 내보다도 힘든 사람이 을매나 많은데, 세상에서 내가 젤로 힘들다꼬 생각했을꼬. 낫세 묵고 본께네 잘사는 사람이나 몬사는 사람이나 종오 한 장 차이더구만요.

어무이요, 뉴칼레도니아라 카는 섬나라 '카구'라 카는 새도 날 필요가 음써서 안 날아가꼬 날개가 퇴화됐다꼬 안 캅니꺼. 요새는 숫자가 확 줄어가꼬 몇 마리 안 남았다카네요. 사람들이 들어오면서 따라 들어온 고양이나 개한테 잡아묵히가꼬 맬종위기라 캅니더.

텔레비로 그거를 봄시러 나도 모르게 고개 끄떡끄떡하고 있었심더. 금수저로 태어나 고이고이 자라가꼬 정글이라는 세상에 풀어놓으문 을매 안 가서 도태되기 쉽다 카는 거를요. 그래서 호랭이는 절벽에서 새끼를 밀어가꼬 올라오는 놈만 키운다 카는 거 아입니꺼.

카구. 저 아름다운 새가 저리 맬종 팔자가 될 끼라라 카는 거 즈그는 알았겠심니꺼. 사람 보믄 겁도 안 내고 귀염 부리는 저 예쁜 새가 포식자 땜에 불행으로 뚝 떨어질 끼라 꼬는 짐작이나 했겠심니꺼.

어무이, 내도 아직 날개가 안 돋았심니더. 앞으로도 안 돋을 끼라는 거 진즉에 알고 있었지예. 그라도 인자는 세상 겁 안 남니더. 날지는 몬해도 뛰는 거는 잘한다는 거 당신도 알고 계시지예? 날개 대신에 두 다리가 타조 다리맹큼 땐땐해짖지예. 몬 날믄 뛰믄 된다 카는 거, 정글 거튼 세상을 살믄서 알게 됐다 아입니꺼.

    혹시 하늘에서 내리다본다 캐도 인자는 어무이, 맘 아파 마이 소. 땐땐한 두 다리로 세상 버티고 섰다 카는 기 오뎁니꺼. 그것만으로도 엄청시리 행복한 기라예. 정글에서 살아남아가꼬 이마이 왔시믄 복 받은 인생 맞지예? 어무이 내 걱정은 마시고 하늘나라에서 올여름 써운하이 잘 보내시이소. 가실에 또 편지 쓸 낍니더.

불효 여식 올림

옛날 옛적 화장지가 없던 시절

지난봄에 여수로 여행을 갔능기라. 간이휴게소에서 커피 마시고 있는데 전화가 와가꼬 받아 보이께네 일행 중에 한 명 아이가. 통시에 조오가 음써갖고 일나도 앉도 못하고 퍼질러서 우짜꼬, 하고 있다코 안 하나. 그래서 조오 갖고 새빠지게 뛰가서 줬다 아인가베. 조오가 머냐꼬? 종이 아이가.

그라고 본께네, 화장지라 쿠는 기 음썼을 때는 우찌 살았실꼬 싶다. 요새 얼라들 들으믄 믿도 안 하것지마는. 우리 애릴 적에는 똥조오라꼬는 신문지도 귀했다. 신문지먼 하마 고급이제. 지금 70 넘은 어른들은 통시에 갈 때는 풀잎 몇 장 뜯어갖고 갔다꼬 안 하나. 풀잎으로 우째 닦느냐꼬? 말도 마라. 짚세기로 닦는 사람도 있고, 새끼줄로 닦는 사람도 있었다 카데.

새끼줄로 우째 사용하는 긴가 도통 모리겠제? 새끼줄로 이쪽 저쪽으로 묶아놓고 걸터앉아가꼬 한 번 쓱 지나가문 끝인 기라. 못 믿겠다꼬? 아인 기 아이라 나도 설마 캤거든. 그란데 안 있나. 서울 '국립 어린이 민속박물관'에 함 가보레이. 가보지는 못했는데 이야기만 듣고 인터넷 찾아봤다 아이가. 어린이 민속박물관에 '똥 나와라 똥똥' 코너가 있는데 거 보믄 새끼줄 걸타고 왔다 갔다 하는 거 고대로 재현해놨더라꼬.

요즘처럼 보드라운 화장지로 닦는 거는 진짜 똥꾸멍 호강하는 기제. 옛날에는 풀잎이 보통이고 우짜다가 호박잎으로 닦고 나믄 똥꼬는 말할 것도 없고 사타구니가 쓰라리서 한참 어기적거리고 걸었다 쿠데. 산에서 쐐기풀로 닦다가 혼난 사람도 있었제. 쐐기풀 그거 털이 보드랍닥꼬 쓱 한 번 문지르면 말도 몬 하그로 따갑거든.

얼라 때는 똥 싸문 "도꾸도꾸!" 하고 마당에 누렁이 불러갖고 치웠다 아인가베. 요놈은 얼라 똥꼬까지 싹싹 핥아 처리해 주는 기라. 그래서 똥갠가? 길들이 놓으문 얼라 데불고 마당에 나오믄 벌써 눈치채고 달리오는데 꼬리꺼정 흔들몬서 온다 아이가. 우리 큰놈도 시아버지가 그렇게 키웠제.

그라다가 신문 보급이 많아지믄서 이집 저집 통시에 가믄 신문지를 잘라 철사꼬챙이에 끼아서 못에 걸치놓고 한 장씩 떼서 닦았제. 그때는 신문지가 최고급인 기라. 신문지 없을 때는 돌까리 조오 있제? 거 안 있나 와. 시멘트 푸대 말이다. 뚜껍아서 우찌 쓰냐꼬? 고거를 그냥 닦으믄 안 되고, 손으로 조오 양쪽을 잡고 막 비비는 기라. 그라마 쫌 지나믄 보들보들해지가꼬 쓸 만하거든. 그래가 똥싸기 겁 안 나꼬? 문디, 인도나 파키스탄 가믄 손으로 닦꼬 손 씻는다 쿠는데 그보다는 훨 낫제.

조오가 처음 발명된 기 2세기 경에 중국 사람들이 맹글었다 쿠네. 일본에서는 에도시대 때 귀족들이 조오로 뒤 닦았다 카고. 우리나라는 1950년 대부터라 카는데, 그것도 좀 사는 집이나 그랬제. 그라다가 70년대 들믄서 슬슬 일반 가정에도 화장지라 카능 기 보급되기 시작했고, 나도 그때쯤부터 운 좋으모 화장지 아이믄 신문지, 그것도 없으믄 공책 찢어서 썼제. 한번은 조오가 없어서 숙제한 공책을 찢어뿌리가 선생님한테 벌쓴 적도 있다 아인가베. 당시는 눈물 찔끔거렸는디 지금 생각하니 그것도 추억이다.

지금이사 천연펄프니 뭐니 해갖고 눈처럼 뽀얀 종이지마는 그때 화장지는 거무죽죽한 재생지 아이가. 힘도 없어가꼬 서너 장 안 겹치믄 닦다가 구멍 나서 손가락에 묻고 그랬다. 머시라? 더럽닥꼬? 조오 구멍 나서 손가락에 똥 묻은 거 한 번도 경험 안 한 사람 있으문 나와 보락 캐라.

우리가 요새 누리고 사는 것들이 당연하다꼬 생각 말거래이. 옛날에는 없이 살아도 그기 당연하다꼬 생각했데이. 조오 한 장 구하기 에립아가꼬 똥조오는 글타 치고, 연습장 한 장 함부로 쓰기도 에립았다 아이가. 우짜다가 달력 한 장 찢으믄 얼라들이 즈 거 먼저 할 끼락꼬 싸움 나고 그랬다. 그라마 어무이가 가세로 오 리서 나눠주믄 그 뒤에 그림 그리고 색칠하고 했제. 요새 얼라들 휴지 쓰는 거 보믄 환장한다. 죽죽 풀어가꼬 둘둘 뭉치서 한 번씩 닦고 내삐리제. 애낄 줄 모르는 기라.

아즉도 전 세계적으로 조오 말고 다른 걸로 뒤 닦는 인구가 6분의 1이라꼬 안 하나. 똥 닦은 조오는 재생도 안 된다 쿠네. 세계 자연보호기구가 조사했다 쿠는데, 전 세계에서 화장실로 들어가는 조오가 나무로 치믄 하루에 2십7만 그루란다. 2십7만 그루!

나무도 살리고 자연도 살릴라 카모 우째야 되는고 우리 모두 고민 좀 해보자 카이. 저래 싱싱하고 푸른 나무들을 통시에 집어 넣으문 되것나 말이다.

내 쫌 만지도

보거래이. 느그 만지도晩地島라 카는 섬 이름 들어봤나? 주변 섬보다 사람들이 늦게사 정착했닥꼬 만지晩地에서 비롯된 말이라 카네. 거를 갈라 카모 토영 달아항에서 배를 타가꼬 연대도로 들어가가 출렁다리를 건너모 쪼갠하이 이뿐 섬이 만지돈 기라.

연대도 들어가는 배를 타모 말이다. 선장이 마이크 잡고 이바구해 주는 기 그리 구수할 수가 없는 기라. 연대도와 만지도를 이어주는 다리를, 연대도에서는 '연대도 출렁다리'라 쿠고, 만지도에서는 '만지도 출렁다리'라꼬 부름시러 기싸움이 있었다고 안 하나. 그래가 다리 이름을 새로 짓는데, 이름이 머시냐꼬? 믿거나 말거나 '가운데 다리.'라 쿠네. 암만, 선장이 손님들 웃길라꼬 지가 그리 진 기라. 진짜 이름은 '조은다리'라코 안 하나. 머 조은다리나 가운데 다리나 그기 그거 아이것나. 유람선 선장할라 카모

요 정도 유머감각은 필수제.

　요기 사는 사람들도 인자 섬하고 같이 낫세 들어가는 중이란 말일세. 젊은아들은 줄어들고 할배·할마시들이 해송처럼 수평선 바라기하는 동네 아인가베. 젊은이들이 많으모 섬도 생기가 팔팔할 낀데 늙은이만 보이께네 역시로 허전해 보이는 기라.

　늙는다는 기 자연이치이기는 하지만 서글픈 거는 만사에 둔감해지는 거 아이것나. 심장 펄펄 뛰는 기대감도 없고, 목숨 걸 만한 사랑의 욕구도 하마 시들하고, 우짤 때는 주변에 사람마저 귀찮을 때도 있다 카이.

　마, 글타 캐도 사람이 죽은 기 아이고 목심이 붙어 있으믄 아직은 심장이 뛴다는 말 아이가. 심장이 뛴다 카는 거는, 보고 듣고 냄새 맡고 손에 느끼는 감촉에다가, 또 머시라 카드노? 그래 제6감, 식스센스 말이다. 그 느낌도 아직은 살아있는 기라.

　살아 있는데 와 죽은 척해야 하노. 영화〈죽어도 좋아〉봤더나? 목에 주름지고 손등에 검버섯 핀닥꼬 감정에 주름지고 버섯 피는 거 아이데이. 심장이 펄떡거리고 아직은 피가 끓는닥꼬. 거머라 카노, 그래 스킨십이 필요하다 아이가.

　머, 꼭 손으로 만지고 쓰다듬어싸야 만지는 기가. 정이 뚝뚝 넘치는 눈으로 바라도 봐주쌓고 살가분 이바구해쌈시 손잡고 가운데 다리를 건너모 을매나 좋겄노.

　살아온 세월, 응성시럽던 시절도 따뜻하이 만지주고, 식어가는 가심도 말 한마디로 포근하이 쓰다듬어 주믄 식었던 감정이 뭉클하게 살아난다 카이. 젊은 느그가 느끼는 거 우리도 못 느낀 닥꼬 생각하지 말그래이. 느그는 손 잡으믄 손에 땀나고 우리는 손에 땀 안 나는 줄 아나? 머스마 가스나 만나믄 가슴 뛰제? 우리도 심장 벌렁거린다 아닌가베.

안다, 알아. 이제 봄날은 다 갔제. 내가 그거 모리고 하는 이바구 아이다. 나이 묵을 만큼 묵어가꼬 무신 망발이고 칼지도 모르겠다마는 이거 하나만큼은 알아도라. 나이 묵어도 감정은 늙지 않는 기라. 주름 푹푹 패이고, 검버섯 늘어가믄 육신의 좋은 계절 다 가는 기 맞제. 글치마는 감정에는 주름 안 간다는 거 느그도 나이 묵어 보믄 알 끼다.

요새 연대도와 만지도 사이에 가운데 다리가 생기고부터 젊은 아들 끼리끼리 손잡고 마이 안 오나. 갸들 보믄 우리도 덩달아 젊어지는 기라. 탱탱한 피부에 반짝거리는 눈으로 우스믄서 인사해주믄 그기 우리한테는 어루만지주는 기나 마찬가지데이. 눈부시던 청춘 그 옛날로 돌아가는 느낌 말이다. 그런 기분 들믄 동네 할마시들과 조개 캐러 가는 지겨운 길도 즐거븐 기라. 거 어느 시인 양반이 우리 동네 이름 갖고 시를 썼다 아인가베.

난중일기 8
-만지도晩地島

은근슬쩍 만져야 깨어나는 섬이 있다.

응큼 혹은 음흉도 재미라면 재미니 이름 따라 만지도, 만지도 길 걷는데 우루루 회취會聚나온 할매들, "맞다 저기 똥딱개, 뱃년 똥딱개 아이가?" 아, 미친다. 몰이든 톳이든 파도에 쓸려온 한 움큼 해초라면 바쁜데 후딱후딱 밑 닦고 노를 젓든 우선해야 될 것 아녀? 어디 뱃일뿐이것냐. 산밭엔 밑씻개, 며느리밑씻개, 우짜노, 우짜것노? 곳에 따라 때에 따라 모양도 이름도 가지가지. 왁자지껄 지지배배 쓰임새만은 매한가지.

"망구야, 뱃년 똥딱개 건져 올려 닦아나 봤어?"

-이달균 시인의 시조집 『늙은 사자』 중에서
〈난중일기 8〉 전문

다들 오이라. 출렁거리쌓는 가운데 다리 건너도 보고 만지쌓고 부비쌓고 정들어 가믄서 살아보자카이. 느그 와서, 내 쫌 만지도!

제4부

작가 연보

1994. 8.   《수필과비평》으로 등단
1996. 2.   중앙대학교 예술대학원 문화예술지도자과정 수료
2008. 2~2010. 2. 수향수필문학회 회장
2009. 8~2011. 8. 물목문학회 회장
2009. 1~2011. 1. 〈수필과비평작가회의〉전국회장
2017. 2~2019. 2. 통영문인협회 회장
2018. 2~2021. 2. 경상남도문인협회 부회장
2018~현재   한국문인협회 정보화위원회 위원
            한국예총경남연합회 감사
2023. 9~현재   물목문학회 회장
2023. 10~현재 양미경 수필교실 개강

■ 출간 및 수상
2004.   수필집 『외딴 곳 그 작은집』 발간
2004.   신곡문학본상, 경남문학 우수도서 작품집상 수상
2004.   한국문화예술진흥원 우수문학 작품집 선정
2008.   수필집 『고양이는 썰매를 끌지 않는다』 발간
2012.   수필집 『생각을 겨냥한 총』 발간
2015.   수필집 『눈 오는 날 추사를 만나다』 발간
2019.   경상도 사투리 수필집 『내 쫌 만지도』 발간
2019.   제31회 경남문학상, 제38회 조연현 문학상 수상
        경남도지사 표창장, 한국예총통영지부 공로상